Guilherme de Almeida Prado

Um Cineasta Cinéfilo

Governador — Geraldo Alckmin
Secretário Chefe da Casa Civil — Arnaldo Madeira

Imprensa Oficial do Estado de São Paulo

Diretor-presidente — Hubert Alquéres
Diretor Vice-presidente — Luiz Carlos Frigerio
Diretor Industrial — Teiji Tomioka
Diretora Financeira e Administrativa — Nodette Mameri Peano
Chefe de Gabinete — Emerson Bento Pereira
Núcleo de Projetos Institucionais — Vera Lucia Wey

Fundação Padre Anchieta

Presidente — Marcos Mendonça
Projetos Especiais — Adélia Lombardi
Diretor de Programação — Rita Okamura

Coleção Aplauso Cinema Brasil

Coordenador Geral — Rubens Ewald Filho
Coordenador Operacional e Pesquisa Iconográfica — Marcelo Pestana
Projeto Gráfico — Carlos Cirne
Editoração — Rodrigo Andrade
Assistente Operacional — Andressa Veronesi
Tratamento de Imagens — José Carlos da Silva

Guilherme de Almeida Prado
Um Cineasta Cinéfilo

por Luiz Zanin Oricchio

São Paulo - 2005

© imprensaoficial 2005

Dados Internacionais de Catalogação na Publicação elaborados pela Biblioteca da Imprensa Oficial do Estado de São Paulo

Oricchio, Luiz Zanin
    Guilherme de Almeida Prado : um cineasta cinéfilo / por Luiz Zanin Oricchio. – São Paulo : Imprensa Oficial do Estado de São Paulo : Cultura – Fundação Padre Anchieta, 2005.
304p. – (Coleção aplauso. Série cinema Brasil / coordenador geral Rubens Ewald Filho).

   ISBN 85-7060-233-2 (Obra completa) (Imprensa Oficial)
   ISBN 85-7060-383-5 (Imprensa Oficial)

   1. Cinema – Produtores e diretores 2. Cineastas – Brasil 3. Cinema - Brasil - História 4. Prado, Guilherme de Almeida –I. Ewald Filho, Rubens. II. Título. III. Série.

                                                CDD 791.430 981

Índices para catálogo sistemático:
1. Cineastas brasileiros : Biografia 791.430 981

Foi feito o depósito legal na Biblioteca Nacional (Lei nº 1.825, de 20/12/1907).
Direitos reservados e protegidos pela lei 9610/98

Imprensa Oficial do Estado de São Paulo

Rua da Mooca, 1921 - Mooca
03103-902 - São Paulo - SP - Brasil
Tel.: (0xx11) 6099-9800
Fax: (0xx11) 6099-9674
www.imprensaoficial.com.br
e-mail: livros@imprensaoficial.com.br
SAC 0800-123401

Apresentação

> *"O que lembro, tenho."*
> Guimarães Rosa

A *Coleção Aplauso*, concebida pela Imprensa Oficial, tem como atributo principal reabilitar e resgatar a memória da cultura nacional, biografando atores, atrizes e diretores que compõem a cena brasileira nas áreas do cinema, do teatro e da televisão.

Essa importante historiografia cênica e audiovisual brasileiras vem sendo reconstituída de maneira singular. O coordenador de nossa coleção, o crítico Rubens Ewald Filho, selecionou, criteriosamente, um conjunto de jornalistas especializados para realizar esse trabalho de aproximação junto a nossos biografados. Em entrevistas e encontros sucessivos foi-se estreitando o contato com todos. Preciosos arquivos de documentos e imagens foram abertos e, na maioria dos casos, deu-se a conhecer o universo que compõe seus cotidianos.

A decisão em trazer o relato de cada um para a primeira pessoa permitiu manter o aspecto de tradição oral dos fatos, fazendo com que a memória e toda a sua conotação idiossincrásica aflorasse de maneira coloquial, como se o biografado estivesse falando diretamente ao leitor.

Gostaria de ressaltar, no entanto, um fator importante na *Coleção*, pois os resultados obtidos ultrapassam simples registros biográficos, revelando ao leitor facetas que caracterizam também o artista e seu ofício. Tantas vezes o biógrafo e o biografado foram tomados desse envolvimento, cúmplices dessa simbiose, que essas condições dotaram os livros de novos instrumentos. Assim, ambos se colocaram em sendas onde a reflexão se estendeu sobre a formação intelectual e ideológica do artista e, supostamente, continuada naquilo que caracterizava o meio, o ambiente e a história brasileira naquele contexto e momento. Muitos discutiram o importante papel que tiveram os livros e a leitura em sua vida. Deixaram transparecer a firmeza do pensamento crítico, denunciaram preconceitos seculares que atrasaram e continuam atrasando o nosso país, mostraram o que representou a formação de cada biografado e sua atuação em ofícios de linguagens diferenciadas como o teatro, o cinema e a televisão – e o que cada um desses veículos lhes exigiu ou lhes deu. Foram analisadas as distintas linguagens desses ofícios.

Cada obra extrapola, portanto, os simples relatos biográficos, explorando o universo íntimo e psicológico do artista, revelando sua autodeterminação e quase nunca a casualidade em ter se tornado artista, seus princípios, a formação de sua personalidade, a *persona* e a complexidade de seus personagens.

São livros que irão atrair o grande público, mas que – certamente – interessarão igualmente aos nossos estudantes, pois na *Coleção Aplauso* foi discutido o intrincado processo de criação que envolve as linguagens do teatro e do cinema. Foram desenvolvidos temas como a construção dos personagens interpretados, bem como a análise, a história, a importância e a atualidade de alguns dos personagens vividos pelos biografados. Foram examinados o relacionamento dos artistas com seus pares e diretores, os processos e as possibilidades de correção de erros no exercício do teatro e do cinema, a diferenciação fundamental desses dois veículos e a expressão de suas linguagens.

A amplitude desses recursos de recuperação da memória por meio dos títulos da *Coleção Aplauso,* aliada à possibilidade de discussão de instrumentos profissionais, fez com que a Imprensa Oficial passasse a distribuir em todas as bibliotecas importantes do País, bem como em bibliotecas especializadas, esses livros, de gratificante aceitação.

Gostaria de ressaltar seu adequado projeto gráfico, em formato de bolso, documentado com iconografia farta e registro cronológico completo para cada biografado, em cada setor de sua atuação.

A *Coleção Aplauso*, que tende a ultrapassar os cem títulos, se afirma progressivamente, e espera contemplar o público de língua portuguesa com o espectro mais completo possível dos artistas, atores e diretores, que escreveram a rica e diversificada história do cinema, do teatro e da televisão em nosso país, mesmo sujeitos a percalços de naturezas várias, mas com seus protagonistas sempre reagindo com criatividade, mesmo nos anos mais obscuros pelos quais passamos.

Além dos perfis biográficos, que são a marca da *Coleção Aplauso*, ela inclui ainda outras séries : *Projetos Especiais,* com formatos e características distintos, em que já foram publicadas excepcionais pesquisas iconográficas, que se originaram de teses universitárias ou de arquivos documentais pré-existentes que sugeriram sua edição em outro formato.

Temos a série constituída de roteiros cinematográficos, denominada *Cinema Brasil,* que publicou o roteiro histórico de *O Caçador de Diamantes,* de Vittorio Capellaro, de 1933, considerado o primeiro roteiro completo escrito no Brasil com a intenção de ser efetivamente filmado. Paralelamente, roteiros mais recentes, como o clássico *O Caso dos Irmãos Naves*, de Luís Sérgio Person, *Dois Córregos*, de Carlos Reichenbach, *Narradores de Javé*, de Eliane Caffé, e *Como Fazer um Filme de Amor*, de José Roberto Torero, que deverão se tornar bibliografia básica obrigatória para as escolas de cinema, ao mesmo tempo em que documentam essa importante produção da cinematografia nacional.

Gostaria de destacar a obra *Gloria in Excelsior*, da série *TV Brasil*, sobre a ascensão, o apogeu e a queda da TV Excelsior, que inovou os procedimentos e formas de se fazer televisão no Brasil. Muitos leitores se surpreenderão ao descobrirem que vários diretores, autores e atores, que na década de 70 promoveram o crescimento da TV Globo, foram forjados nos estúdios da TV Excelsior, que sucumbiu juntamente com o Grupo Simonsen, perseguido pelo regime militar.

Se algum fator de sucesso da *Coleção Aplauso* merece ser mais destacado do que outros, é o interesse do leitor brasileiro em conhecer o percurso cultural de seu país.

De nossa parte coube reunir um bom time de jornalistas, organizar com eficácia a pesquisa documental e iconográfica, contar com a boa vontade, o entusiasmo e a generosidade de nossos artistas, diretores e roteiristas. Depois, apenas, com igual entusiasmo, colocar à disposição todas essas informações, atraentes e acessíveis, em um projeto bem cuidado. Também a nós sensibilizaram as questões sobre nossa cultura que a *Coleção Aplauso* suscita e apresenta – os sortilégios que envolvem palco, cena, coxias, *set* de filmagens, cenários, câmeras – e, com referência a esses seres especiais que ali transitam e se transmutam, é deles que todo esse material de vida e reflexão poderá ser extraído e disseminado como interesse que magnetizará o leitor.

A Imprensa Oficial se sente orgulhosa de ter criado a *Coleção Aplauso*, pois tem consciência de que nossa história cultural não pode ser negligenciada, e é a partir dela que se forja e se constrói a identidade brasileira.

Hubert Alquéres
Diretor-presidente da
Imprensa Oficial do Estado de São Paulo

Para Rô, sempre.
Luiz Zanin Oricchio

Introdução

O depoimento de Guilherme de Almeida Prado fala por si. Ele foi obtido em três longas conversas, que somaram cerca de oito horas de gravação. Depois de transcritas, foram editadas em texto e remetidas ao cineasta, que fez acréscimos e correções.

Os três encontros se deram no escritório de Guilherme, situado num edifício no bairro do Morumbi. No interior há silêncio e certa penumbra. É recanto de um artista, uma espécie de porto seguro de alguém que gosta de refletir e escrever. E, acima de tudo, ver filmes. Lá, Guilherme armazena seus vídeos e DVDs. Dispõe de um telão. Um home theater completo, no qual vê pelo menos um filme por dia. Lá estão também seus livros – a maioria deles, pelo que pude observar, tratam de cinema.

Nas conversas, Guilherme falou livremente sobre sua infância e juventude. De como nasceu em uma família abastada na região de Ribeirão Preto, de como cedo se interessou pelas artes e pelo cinema. E como veio, ainda jovem, para São Paulo, com a finalidade de estudar. Ou pelo menos era isso que seus pais achavam. Guilherme sabia que vinha para São Paulo a fim de se realizar como cineasta. Bem, mas tudo isso você vai ficar sabendo pela "voz" do próprio artista, ao ler seu depoimento.

Cabe a mim somente destacar que a conversa com ele se mostrou sempre dirigida por uma espécie de pólo de atração, como uma força invisível, mas que produzia seus efeitos: tudo era sempre imantado e voltava-se para o mundo do cinema. O leitor pode até achar que nada seria mais natural do que isso, uma vez que o personagem é mesmo um cineasta e cinema seria necessariamente o seu interesse central. Mas asseguro que isso não é assim tão evidente. Com a prática de vários anos entrevistando diretores, notei como era fácil fazer com que falassem de outros assuntos, como literatura, política, política cultural, amenidades, etc.

Guilherme, não. Tudo, em nossas conversas, convergia para o centro gravitacional do seu interesse, que é o cinema. Há uma razão para isso: Guilherme é um caso – relativamente raro – de cineasta realmente cinéfilo. Essa constatação é importante para que possamos entender de fato a sua obra – pois se trata da obra de um diretor praticante e adepto da cinefilia.

E o que é um cinéfilo? Será alguém que simplesmente gosta de cinema? Esta me parece uma definição fraca. Alguém pode gostar de cinema, como gosta de pintura, música ou futebol. Mas a cinefilia indica algo mais forte – ela se assemelha mais a uma paixão. E paixões, pelo menos enquanto duram, pedem exclusividade. Assim, um cinéfilo não é uma pessoa que gosta de cinema, entre outras coisas, mas aquela que ama o cinema acima de tudo nesse mundo.

Também por experiência pessoal, posso garantir que a cinefilia é rara entre cineastas. Muitos deles nem gostam de falar muito em cinema.

Ou, quando o fazem, preferem discutir os aspectos econômicos ou técnicos ligados à atividade cinematográfica. Atenção: esse não é um comentário pejorativo. Picasso dizia que quando críticos de arte se encontram, discutem estética. E quando pintores se reúnem, discutem o preço das tintas e dos pincéis. Traduzindo: as elucubrações teóricas ficam para os aficionados; os profissionais preferem a prática.

Não é bem o caso do nosso personagem. É mais fácil discutir linguagem cinematográfica com Guilherme do que fazê-lo falar das dificuldades orçamentárias de um projeto. Acho isso salutar. Durante muito tempo, no Brasil, discutiu-se mais a engenharia financeira do cinema, quer dizer, as suas condições de produção, do que as obras em si. Felizmente, essa tendência parece em via de se inverter.

De qualquer forma, é muito fácil discutir cinema, para valer, com Guilherme de Almeida Prado. Não apenas por causa da sua já conhecida paixão por essa arte, como por seu domínio das questões da linguagem cinematográfica. Por certo tudo isso tem a ver com a sua formação – e com a época em que ela se deu. E também com características pessoais do artista. O homem é ele e mais a sua circunstância, dizia Ortega y Gasset.

O fato é que, quando Guilherme chega à famosa Boca do Lixo paulistana, era já uma pessoa muito bem formada do ponto de vista intelectual. Havia estudado engenharia, lido muito e, acima de tudo, tinha visto os filmes certos na infância e na adolescência. O hábito do bom cinema é como a ingestão de proteínas – tem de ser assimilado na idade certa. Guilherme chegou como *avis rara* naquele meio em que a prática era tudo e o cinema comercial fazia-se em ritmo industrial. Poderia ter olhado aquele mundo com o nariz em pé de menino rico e culto e então nada teria aprendido. Mas decidiu que era com aquela gente prática, artesãos como Ody Fraga e Cláudio Portioli, que ele iria fazer o seu vestibular de técnica cinematográfica.

Aprendeu a trabalhar rápido e com orçamentos apertados. Aprendeu também a não cultivar preconceitos em relação ao sexo mostrado na tela – afinal a Boca era conhecida como o paraíso da pornochanchada.

De assistente, passou a diretor e estreou com um filme sintomaticamente chamado *As Taras de Todos Nós* (1981), do qual gosta apenas do terceiro episódio, e não por acaso, como veremos. Mas considera *A Flor do Desejo*, de 1984, sua estréia para valer. Seu batismo como autor. O grande sucesso, de público e crítica, viria com o longa seguinte, *A Dama do Cine Shanghai*, de 1987. No duro começo dos anos 90, com o cinema brasileiro praticamente desmantelado pela política do governo Collor para o setor, conseguiu rodar *Perfume de Gardênia* (1992). Em 1998, lança aquele que considera seu melhor filme, *A Hora Mágica*, livre adaptação de um conto de Julio Cortázar, *Câmbio de Luzes (Troca de Luzes)*. Seu novo filme será *Onde Andará Dulce Veiga*, roteiro iniciado em parceria com o escritor Caio Fernando Abreu, morto em 1996. A realização de cada um desses filmes vem amplamente descrita no depoimento do cineasta. Cabe ao crítico apenas examinar a linha fina que eventualmente dá unidade a essa obra em progresso.

A certa altura desse depoimento, Guilherme constata que a sua filmografia, até agora, tem sido uma meditação constante sobre os limites entre o mundo da realidade e da ficção. Comentário justo. Basta ver os filmes para sentir que é isso mesmo. Essa é a questão que move o artista, indagação que não é exclusividade dele, diga-se de passagem. Sem nenhuma intenção de comparar, Fellini pode ser lido por essa ótica, assim como Bergman, apenas para citar dois dos grandes. Aliás, o próprio cinema, em sua já mais de centenária história, dividiu-se desde cedo entre uma linha que, grosseiramente, poderíamos chamar de "realista", com os documentários Lumiére, e fantasista, com Meliès. Houve um tempo em que o realismo parecia ser o caminho natural do cinema, como sustentava o grande crítico francês André Bazin, mas essa vertente nunca chegou a ser exclusivista, mesmo no tempo de domínio do neo-realismo italiano sobre o cinema de autor da época. É que sempre houve autores desejosos de investigar o mundo interior dos personagens. E formular uma hipótese de como esse mundo interno molda a percepção do mundo externo e embaralha os limites entre um e outro.

O próprio Fellini, que veio do neo-realismo, mudou de direção e tomou rumo próprio. Duas de suas obras-primas, *Fellini 8 e ½* e *Julieta dos Espíritos*, exprimem essa confusão entre o mundo interno da fantasia e o externo, da realidade. Em Bergman essa vertente atinge o paroxismo num filme como *Persona*, por exemplo.

Mas, a meu ver, a obra de Guilherme pode ser vista, além disso, como uma meditação sobre os modos de construção do cinema. Em uma palavra: com seus filmes ele procura realizar a metalinguagem do próprio meio de construção cinematográfico. E, isso, talvez ele não pudesse ter feito tão bem em outra época como naquela em que começou a filmar, no início dos anos 80. Dá-se então uma feliz conjunção entre certa característica desses anos e a disposição pessoal do autor. De um lado, há no ar uma certa tendência, digamos, pós-moderna, com sua ênfase na auto-referência como modelo de investigação da linguagem, a cinematográfica, no caso. De outro, um traço de caráter do autor, que é a sua cinefilia - quer dizer, uma vontade de habitar mais no grande e sedutor mundo do cinema do que no da árida realidade.

Isso não significa um ensimesmamento, ou distanciamento do real, ou alienação, como se costuma dizer. É que, assim fazendo, esse tipo de artista escava na linguagem da sua própria arte uma maneira de dizer melhor aquilo que não pertence a ela, isto é, o mundo da realidade. Em outras palavras, constrói o mundo da linguagem porque isso que chamamos realidade também é construção e não um dado em si, como supõe o realismo ingênuo.

Na verdade, o cinema de Guilherme traz nele todas as marcas mais evidentes daquilo que ainda confusamente chamamos de pós-modernidade. O hábito das citações, a abolição de fronteiras entre a alta e a baixa cultura, o abandono das assim chamadas "grandes narrativas" – todas essas características estão lá, no cinema dele do primeiro longa de episódios ao mais recente filme, tirado de Cortázar.

Já em *As Taras de Todos Nós*, sobretudo no terceiro episódio, *Programa Duplo*, faz-se uma crítica distanciada do tipo de cinema... que ele próprio está fazendo naquele exato momento. É cinema da Boca, e já é crítica ao cinema da Boca. As passagens em que o cinema reflete sobre o próprio cinema se repetem em *A Flor do Desejo*, *A Dama do Cine Shanghai*, *Perfume de Gardênia* e *A Hora Mágica*. Devem reaparecer em *Dulce Veiga*, se o diretor for fiel a si mesmo – e não há nenhum motivo para que não seja.

As citações são uma característica ainda mais evidente em todos os filmes do diretor, assim a alusão a gêneros e a mistura entre eles. O espectador diria que ele se empenha em jogar com a linguagem do cinema e com a sua história. Em *As Taras de Todos Nós*, brinca com filmes da própria Boca, quando o personagem do terceiro episódio, insatisfeito sexualmente, se refugia num cinema pornô. Mas há também citações, às vezes musicais, a *Chaplin*, *Nino Rota*, a *Cantando na Chuva*, *Amarcord*, *E o Vento Levou*, etc. Num filme ambientado no cais do porto de Santos, como *A Flor do Desejo*, notam-se referências a Resnais e a Fellini. As alusões ao cinema *noir* são mais do que evidentes em *A Dama do Cine Shanghai*. E, em *Perfume de Gardênia*, entre outras, temos aquela citação direta ao cinema dito marginal quando o protagonista José Mayer assassina em seu táxi um casal formado por Paulo Villaça e Helena Ignês, os dois protagonistas de *O Bandido da Luz Vermelha*, obra-prima de Rogério Sganzerla. Em *A Hora Mágica*, o universo fornecido por Cortázar mostra-se particularmente propício a esse jogo de aparências, em que uma referência remete a outra sem que se encontre um centro, digamos assim, tonal, para a história, um porto seguro a que o espectador possa se agarrar.

Por outro lado, Guilherme forma-se como diretor numa época em que a "grande narrativa" do Cinema Novo, dominante durante vários anos, já havia entrado em declínio. Seu ambiente era o da Boca, que foi, como se verá no depoimento, uma aproximação circunstancial em sua biografia. Mas, se existe um acaso favorável, foi este, porque lá, na Boca, além das pornochanchadas, também se cozinhava a contestação marginal ao Cinema Novo, e isso desde o final dos anos 1960. Vide a presença marcante no quadrilátero, que tinha como epicentro a Rua do Triunfo, de nomes como Rogério Sganzerla, Carlos Reichenbach e Ozualdo Candeias, entre outros.

Com a despolitização pós AI-5, a vocação totalizadora do Cinema Novo entra em recesso. Não se acreditava mais que o cinema pudesse fornecer uma visão global do país, ou, mais ainda, que pudesse servir como uma espécie de arma auxiliar de transformação revolucionária.

O cinema voltava a ser o que fora na maior parte da sua história – uma máquina de sonhos, capaz de falar da realidade interna de cada um, talvez de transfigurar e registrar a realidade externa, mas incapaz de propor um retrato objetivo do real e muito menos ajudar a mudá-lo, pelo menos de forma direta.

O cinema marginal ainda deglute essa impotência política e a transforma em raiva. Para expressá-la, apela, deliberadamente, para o grotesco e o mau gosto. Nesse aspecto, o cinema de Guilherme se aparenta muito menos com ele do que com outro tipo de filme que se fazia em São Paulo nos anos 80. Mas então a vizinhança, no sentido afetivo do termo, muda-se das ruas degradadas do centro velho para a então bucólica Vila Madalena de Wilson Barros e Chico Botelho. A paisagem destes era urbana, noturna, melancólica, como aqueles anos – alguém rotulou essa estética de "neon-realismo" pela maneira como usavam os azuis noturnos, a iluminação artificial, com personagens extraviados na urbe, filhos perdidos do fim do sonho dos anos 60.

Guilherme talvez estivesse entre esses dois mundos. Vinha da Boca, pois ali havia se formado, mas, por sua sofisticação intelectual, não era um cineasta típico da Boca, como Candeias, ou Ody Fraga, com quem aprendeu muito da técnica cinematográfica. Nem se situava em posição tão estetizante como a dos rapazes desgarrados dos anos 80. Não estando nem cá nem lá, foi obrigado a construir um caminho próprio. Talvez por isso seu cinema pareça tão particular e difícil de ser qualificado pela crítica.

De fato, não é fácil e talvez seja mesmo inútil tentar alinhar Guilherme em grupos ou tendências. Seu cinema é muito autoral, e, nesse sentido, resiste a ser estudado como parte de algum todo maior do que ele. Mas mesmo esse caminho solitário, como essa pequena introdução tentou sugerir, não se dá em um vácuo histórico. Tudo, nesse período compreendido entre o início dos anos 80 e começo dos 90, faz muito sentido aos olhos de um historiador da cultura, por exemplo. Mas foi preciso que alguém como Guilherme sentisse com intensidade essa sua época de formação para que pudesse produzir uma obra tão característica e tão impregnada de um certo ethos.

Muito da incompreensão que cerca essa filmografia em curso, muito da sua relativa impopularidade e, por certo, muitos dos seus problemas e impasses, se devem a essa imersão em uma época fragmentada e em uma proposta estética que não se deixa apreender com facilidade. Pode-se gostar ou não dessa obra. O que não se pode negar é a sua coerência interna. Agora, com a palavra o artista, que é quem realmente importa.

Luiz Zanin Oricchio
São Paulo, março de 2005

Aos amigos que não estão neste depoimento, mas que nem por isso foram menos importantes na minha vida.
Guilherme de Almeida Prado

Existe nos meus filmes um limite muito nebuloso entre o que é real e o que é realidade ficcional; entendida como uma realidade contada, narrada, filtrada pelas lentes ampliadoras da ficção. Tudo o que coloco aqui é real, porém contado do meu ponto de vista.

Capítulo I

Ateu, religião: Cinema
A Vida em Ribeirão Preto
Infância e Juventude

Nasci em Ribeirão Preto numa família tradicional do interior. Meu pai era fazendeiro e até os 14 anos morei numa fazenda. Meus quatro primeiros anos de vida se passaram numa outra fazenda em Barretos, mas desta fase não me lembro de nada. Minhas recordações começam a partir da época em que viemos morar na fazenda em Jardinópolis, uma cidade vizinha de Ribeirão Preto. A fazenda ainda existe e hoje em dia pertence à minha mãe.

Eu não tinha, nesse período todo, nenhum contato com cinema. Meus pais devem ter me levado para assistir algum desenho animado do Walt Disney nessa época e só. Mas não tinha nenhuma ligação especial com cinema.

A partir dos 7 anos comecei a estudar em Ribeirão Preto, uma viagem diária de 32 km. Morava na fazenda, estudava de manhã em Ribeirão Preto e voltava à tarde para a fazenda. Estudei na mesma escola, o Colégio Marista de Ribeirão Preto, durante 10 anos, ou seja, até os 17 anos. Meus avós moravam em Ribeirão Preto e assim eu tinha uma ligação com a cidade, mas passava a maior parte do tempo na fazenda.

Somos três irmãos. Eu sou o mais velho, depois tenho um irmão chamado Marcos e uma irmã chamada Dulce, que é 5 anos mais moça que eu. Em 1969, como ficou impossível coordenar os horários de escola dos três, meus pais construíram uma casa em Ribeirão e nos mudamos para a cidade. Meus pais se chamam Dulce Maria e Gilberto. A minha mãe ainda é viva e o meu pai morreu há uns 11 anos atrás.

O que me recordo da infância é que fui criado na fazenda, mas nunca me senti muito "fazendeiro". Até hoje gosto muito de fazenda para passar uma temporada, mas nunca para morar definitivamente. Quando morava na fazenda, tinha uma vontade muito grande de mudar para a cidade. Pelo que me lembro, insistia muito com os meus pais para mudarmos para a cidade. E o engraçado é que, depois que mudei para a cidade, comecei a gostar mais da fazenda.

Eu não tinha uma vida social na fazenda. Minha vida lá era muito solitária. Tinha poucos amigos. Meu contato com os moradores da fazenda era através do meu irmão, que era muito mais sociável, tinha amigos e conhecia muitas pessoas porque, naquela época, moravam muitas famílias de colonos na fazenda. Não me lembro exatamente, mas acho que eram 30 ou até 50 famílias morando na propriedade, que na época produzia café, algodão, milho e gado.

Cheguei a ter alguma ligação com os filhos dos colonos, mas era sempre através do meu irmão. Eu era muito tímido. Não tinha desenvoltura social para conhecer pessoas. Meu irmão era diferente. Vivia na colônia, jogava futebol, fazia quinhentas coisas lá. Eu era mais de ficar no meu canto. Lia muito desde os 8 anos.

E lia de tudo. De Júlio Verne a José de Alencar. Um pouco mais velho comecei a ler Hermann Hesse. Além de Júlio Verne, Conan Doyle e Edgar Allan Poe, os livros de terror e ficção científica foram os que me marcaram mais e, em seguida, Hermann Hesse foi fundamental. Eu tinha 10 ou 12 anos quando li Hesse, mas acho que me marcou muito, pela vida afora.

Apesar de me sentir um pouco solitário, guardo boas lembranças da vida na fazenda. Gostava de andar a cavalo, gostava de caminhar. Até hoje, caminhar é um dos meus maiores prazeres. E vem daí a minha ligação muito forte com a natureza. Isso percebi justamente quando mudei para Ribeirão Preto. Vendo em retrospecto, até a minha paixão pelo cinema, de certa maneira, nasceu um pouco disso. A natureza faz muita companhia. No fundo, você não sente solidão quando está no meio da natureza. Mas é uma coisa que você só percebe quando vai embora.

Tinha muita vontade de sair da fazenda mas, quando mudei para Ribeirão, comecei a me sentir muito sozinho na cidade. O cinema veio substituir a natureza como companhia.

Ribeirão, naquela época, era uma cidade ainda pequena, do interior. Eu morava na Rua Visconde do Abaeté, numa casa muito grande e bonita de frente para uma praça. Na verdade, foi construída imitando a casa de *E o Vento Levou*. Uma casa muito bem construída, projetada por minha avó, que não era arquiteta, mas desenhou várias casas da família em Ribeirão. Até hoje é uma casa bonita de ver. Mas não pertence mais à família. Meu pai acabou vendendo, quando mudamos para São Paulo. A casa era muito grande mesmo e nós achamos que todos iam acabar morando definitivamente em São Paulo.

Aquele foi um período de descobertas. Estudava só no período da manhã e depois, à tarde, sempre ficava um pouco sem nada para fazer. Foi quando descobri o cinema. Estava no meio do ginásio, como se chamava o secundário naquela época, e adquiri o hábito de ir ao cinema com freqüência, quase todas as tardes. Até então, que eu me lembre, já tinha visto alguns desenhos animados e me lembro de ter visto apenas um filme com gente de carne e osso, *Viagem ao Centro da Terra* (*Journey to the Center of the Earth*, 1959, dirigido por Henry Levin, com Pat Boone, James Mason e Arlene Dahl no elenco), baseado no livro de Júlio Verne, que revi recentemente em DVD e fiquei surpreso em como, de certa forma, o filme tem uma estrutura dramática parecida com os meus filmes, como se o padrão tivesse ficado, de alguma forma, gravado no meu inconsciente.

Mas na época o filme nem ficou gravado na minha memória. Só percebi que já tinha assistido ao filme quando o revi numa reprise. Quando entrei no cinema, achava que não tivesse visto o filme, quando comecei assistir, sabia tudo do enredo, mas ainda não tinha lido o livro. Então meu pai falou que tínhamos assistido ao filme juntos quando eu era ainda muito pequeno.

Não vou dizer que naquela época não tinha nenhuma vida social, mas, principalmente à tarde, era quase religioso ir ao cinema. Até porque, naquele tempo, havia na cidade um número maior de filmes do que eu conseguia assistir. Então, se faltava um dia, era um filme que eu não ia mais ver. Porque eram uns 14 cinemas na cidade. Não eram todos os cinemas que eu freqüentava sempre, mas tinha uns em que eu tentava ver todos os filmes. Mudava a programação toda a semana, então tinha pelo menos uns 10 filmes novos por semana para ver. Precisava selecionar. Nem sempre eu podia ir ver mais de um por dia. Às vezes, aos sábados, ia à tarde e à noite para ver um filme "proibido" para menores de idade.

Nesse ponto tive muita sorte. Ribeirão era a cidade perfeita para um cinéfilo, era um centro de distribuição da programação dos cinemas de toda a região e assim, apesar de ser uma cidade pequena, que devia ter um quatro ou um quinto do que é hoje, tinha uma quantidade exagerada de cinemas em relação ao número de habitantes. Tinha cinema não só no centro da cidade, como também nos bairros, onde passavam reprises, aquela coisa de antigamente quando os filmes passavam de novo depois de algum tempo. Todo o tempo livre que tinha, eu escapava para o cinema, porque Ribeirão Preto era uma cidade que você ia a pé ou, no máximo, você pegava um ônibus para ir a um bairro; mas até ao bairro, se você quisesse, podia ir a pé, era tudo muito perto. Assim aprendi a conhecer a geografia da cidade indo atrás dos filmes.

Descobri que sábado, na sessão das 8, dava para entrar em filmes proibidos para menores de 18 anos, quando não havia a presença do juizado de menores. Então passei a ir todos os sábados, porque tinha muita fila, muita gente, e não havia tempo para o porteiro pedir documentos, e então dava para passar. Claro que muitos dos porteiros já me conheciam e me deixavam passar porque eu estava pagando inteira.

Desse jeito, cheguei a ver *Barbarella*, *Satyricon* e *Perdidos na Noite*, filmes proibidos para menores. Às vezes os porteiros me barravam, mas em geral eu entrava. Como havia muita gente, me deixavam entrar. A não ser quando tinha batida do juizado de menores. Mas eu já era craque: chegava e já olhava de longe para ver se tinha alguém com cara de juizado. Se a barra estava livre, entrava lá no escuro e sumia. Não tinha nenhuma preferência por gêneros ou estilos. Sempre fui muito eclético. De clássicos a faroestes espaguete, filmes de monstros e musicais. Na época, todas as grandes distribuidoras tinham escritórios lá, a United Artists, a Metro, a Fox. Tinha lugar para você alugar câmera e cópias em 16 mm. Cheguei a alugar filmes antigos para passar em casa. Eram as locadoras daquela época. Passei a conhecer todos os endereço das distribuidoras lá. A própria Embrafilme tinha escritório em Ribeirão. Bergman e Truffaut, às vezes, passavam em Ribeirão Preto antes de estrear em São Paulo. Como em certas ocasiões não havia salas disponíveis em São Paulo para os filmes, passavam as cópias antes em Ribeirão. Quase secretamente. Lançavam esses filmes sem que você tivesse a mínima idéia do que fossem. Só olhando o cartaz na porta do cinema é que dava para descobrir mais ou menos o que era. Então, eu ia ao cinema todos os dias e não conseguia ver todos os filmes. Tinha coisas que perdia. Tinha semana que eu viajava, e quando voltava ficava louco, porque o filme geralmente ficava uma semana e depois saía de cartaz. Quer dizer, se você viajou, perdeu todos os filmes daquela semana. Eu ficava esperando que voltassem como reprise; aí demorava de seis meses até um ano para exibir outra vez. Além disso, havia todas aquelas reprises dos filmes dos anos 60, que eu não tinha visto ainda, que eram anteriores à minha mudança para a cidade. Nesse ponto eu já era um fanático por cinema. A ponto de a família ficar preocupada. Por que esse rapaz se esconde dentro do cinema? E, de fato, qualquer tempo que eu arrumava, ia para o cinema. Qualquer dinheiro que tinha, era para ir ao cinema. Empregava boa parte do meu tempo e do meu dinheiro em cinema. Era um consumidor de cinema total. O fanatismo chegou a tal ponto que meus pais acharam que era alguma doença. Chegaram a ficar preocupados. A família inteira ficou preocupada.

A essa altura o cinema já tinha entrado mesmo na minha vida para valer. E entrou super rápido. Começou desse jeito aos 14 anos e me lembro que, com 15 anos, já queria ser diretor de cinema. Em 1969 comecei a escrever roteiros e sonhar com filmes. E comecei a ler tudo o que se relacionasse com técnica cinematográfica em livros e manuais. Havia uma coleção que lançou roteiros e comecei a ler roteiros de Fellini, Visconti e Buñuel. Comecei a ler livros e revistas de cinema para valer.

Minha tia Docy tinha alguns livros de cinema em casa. Sabendo que eu estava interessado, me deu os livros. Alguns desses livros eram portugueses e alguns até franceses. Cheguei até a estudar um pouco de francês para tentar entender os livros. Quando algum filme era adaptado de algum livro, lia o original para estudar como era feita a adaptação.

E o engraçado é que, como tive contato com cinema através do longa-metragem, eu não imaginava que existisse uma coisa chamada curta-metragem. Para mim, ser diretor de cinema, até hoje, é ser diretor de longa. De certa maneira, não me sinto diretor de curta. Eu gosto de fazer, não tenho nenhum tipo de preconceito, apenas não me sinto um diretor de curtas-metragens.

Essa minha tia era muito culta e lia muito. Durante algum tempo me deu aulas de cultura geral. Eu já era, como sou até hoje, uma pessoa muito eclética. Não tenho um estilo direcionado. Não sou daquele tipo especializado que gosta só de um tipo de filme ou de leitura. Gosto de todo o tipo de filme, desde o mais horroroso até o mais sofisticado. Mas minha tia me ensinou a ser um pouco menos eclético. A ser mais focado. Saber quem é o autor; ter uma noção do que é uma literatura francesa, alemã; diferenciar uma literatura americana de uma russa.

Sempre fui muito interessado também por música, pintura e literatura. Acabei sendo conhecido como um cineasta muito cinéfilo, cujo cinema dialoga sempre com o próprio cinema e isso, de fato, não é inteiramente verdade.

A minha origem cultural, no fundo, começa com a pintura. Quando eu morava na fazenda, não conhecia o cinema, mas tinha muita ligação com a pintura e com a literatura. Lia sempre. Também a música me interessava muito, principalmente a música brasileira dos anos 40 e 50, além da música clássica. O jazz eu conheci anos depois. Embora não pintasse, gostava muito de pintura. Aliás, acho que nunca pintei, porque sou péssimo com qualquer coisa com as mãos. Até para escrever à mão tenho dificuldade, minha letra chega a ser ilegível para mim mesmo. É um problema, nunca consegui aprender a tocar piano, nenhum instrumento musical. Tocar violão foi impossível. Chegou uma hora, o professor me falou: "*Você não tem jeito, nunca vai tocar violão*". A única coisa que faço bem com as mãos é escrever a máquina. Quando estudava datilografia, era o primeiro da classe. Foi a única coisa que consegui fazer bem com as mãos. Até dirigir automóvel para mim é difícil. Tudo que é com as mãos, eu tenho dificuldade. Então, nunca pintei, mas tenho uma ligação muito grande com a pintura; o que se reflete hoje na minha preocupação com o enquadramento, com a composição do plano.

Quando descobri o cinema, foi muito por causa dessa mistura: pintura, literatura e música, tudo num único veículo. Achei uma coisa que seria capaz de fazer, já que também nunca me achei bom para escrever textos. Tenho muita dificuldade para escrever qualquer texto, inclusive roteiros. É uma coisa que não me dá prazer nenhum. Agora, lendo Gabriel García Márquez, ele diz que também não sente prazer em escrever. E parece que a Rachel de Queiroz dizia a mesma coisa. É engraçado. Eu achava que para ser escritor tinha que se ter prazer em escrever, mas não parece ser a regra geral. Talvez eu devesse ter insistido. Escrever um livro é, sem dúvida, muito mais prático que fazer um filme. Um livro é um trabalho pronto e um roteiro é só um projeto de filme. Para se ter um filme pronto, você tem que filmar e, o pior, produzir um filme é como vender um peixe muito antes de se conseguir pescar. Mas eu pensava que, se não sentia nenhum prazer em escrever, não poderia jamais ser escritor. E então apareceu o cinema, e de repente me deu uma luz. Eu pensei: *Pôxa! Isso eu consigo fazer.*

Era algo que eu não apenas era capaz de fazer, como acho que tenho um certo dom natural para a arte. Minha linguagem é totalmente audiovisual. Eu raciocino com os olhos e por isso é que gosto tanto de caminhar. Observar e analisar são as bases do meu pensamento. Minhas melhores idéias nascem nas minhas caminhadas. Realmente não sei como aconteceu, mas no começo de 1969 me mudei para Ribeirão Preto e no fim desse mesmo ano já estava escrevendo roteiros, adaptando livros para o cinema, fazendo planos. Porque eu queria fazer filmes, sem ter a menor noção do que era aquilo. Tecnicamente, eu tinha uma vaga idéia de que era capaz de fazer um filme, mas não tinha muita noção além disso. Nem a menor idéia de como alguém chegava a fazer aquilo.

Eu sabia, por exemplo, que em Ribeirão Preto era impossível.

Não me lembro exatamente quando, mas uma vez, lá em Ribeirão Preto, promoveram um curso de cinema. Os professores eram profissionais de São Paulo, mas não me lembro os nomes. Então comecei a perceber que existia um outro tipo de cinema: o cinema de arte. Comecei a diferenciar o cinema mais comercial e o cinema de arte. No curso passavam um filme, se discutia e se explicava alguma coisa sobre a técnica. Foram três dias no Teatro Municipal de Ribeirão Preto. E fui descobrindo mais o cinema. Foi me dando mais vontade de fazer mesmo, para valer, de escrever e dirigir.

Chamava-se *O Sonho* o primeiro roteiro que escrevi, logo depois do curso, mas que não cheguei a filmar, assim como tantos outros que sonhei e sonho. O sonho é a base do meu cinema. Acredito que o grande sucesso popular que o cinema teve no século XX se deve à semelhança que a linguagem cinematográfica tem com os nossos sonhos. Para mim, o cinema é a arte mais parecida com o ato de sonhar. No cinema, diferentemente dos nossos sonhos noturnos, depois que acordamos, os filmes ainda conservam um pouco de sua lógica. O cinema é uma espécie de sonho organizado. Falta um diretor em nossos sonhos noturnos. Sinto que a linguagem cinematográfica tem uma tendência mundial de se aproximar cada vez mais da lógica dos sonhos. Quando falo de sonhos, não vejo isso como sinônimo de escapismo ou alienação. Os sonhos são conhecidos como uma tradução metafórica da realidade e desde Freud (sem contar os decifradores de sonhos da Antigüidade e as ciganas) se conhece a importância deles para melhor compreendermos nosso cotidiano.

A propaganda e os videoclipes utilizam as imagens como se fossem saídas de nossos sonhos e mesmo o cinema mais comercial hoje apresenta uma liberdade de linguagem que não encontramos nas estruturas dramáticas tradicionais. O próprio público sofisticou sua visão e hoje é capaz de compreender imagens e sons com muito mais rapidez. Como quem sonha acordado, temos essa necessidade de entrar numa sala escura e, sem corrermos riscos, na companhia de anônimos companheiros de viagem, podermos viajar no tempo e no espaço, tomarmos o corpo e a alma dos nossos heróis, idealizarmos a realidade e sublimarmos nossos sentimentos mais íntimos. Há os que dizem sonhar em preto e branco; meus sonhos, ao contrário, são sempre coloridos e em cinemascope.

E, como um sonho, Cinema virou a minha Religião. Apesar de ter estudado em colégio de padres e sido até coroinha de missa, nunca cheguei a acreditar realmente em Deus da forma tradicional de qualquer religião. Uma consciência ou uma lógica superior pode ser que exista, mas não acredito que essa consciência tenha forma ou mesmo qualquer real conhecimento da minha mísera e insignificante existência e portanto pouca importância isso tem para a minha vida. Vida após a morte, inferno, paraíso, isso então nem pensar, não acredito mesmo. O homem é um animal que deu certo, nada mais, e estamos perdidos e esquecidos na imensidão do espaço cósmico. Isso é o máximo de misticismo que eu posso acreditar. Sou realmente ateu e minha única adoração é o Cinema.

Nesse período tive meu primeiro contato com o cinema como coisa real, próxima das minhas mãos. Minha família estava passando a temporada de verão em Itanhaém e, em frente ao Cibratel, onde estávamos hospedados, a equipe do Rogério Sganzerla apareceu filmando uma seqüência de *A Mulher de Todos*. O plano de um homem empurrando os óculos escuros para cima com um revólver ficou marcado na minha memória e acabei usando como referência num plano do José Mayer em *A Dama do Cine Shanghai*, muitos anos depois. Quando assisti *A Mulher de Todos* no Cine-Teatro Pedro II em Ribeirão Preto, era quase como se eu tivesse feito o filme.

Nesse meio tempo continuei meus estudos normalmente. Acabei me formando em São Paulo, aonde vim fazer o último ano do chamado Colegial, junto com o cursinho preparatório para o Vestibular.

Sua mãe Dulce, sua irmã Dulcinha e o pai, Gilberto, em São Francisco, Califórnia

Capítulo II

A Vinda para São Paulo

Como queria fazer cinema, em 1972 me mudei para São Paulo para estudar engenharia, mas com a vontade secreta de ser cineasta. Minha família veio depois. No começo, vim sozinho, depois mudou meu irmão, e quando chegou a minha irmã, meus pais compraram um apartamento maior e a família quase inteira veio. Meu pai continuou morando na fazenda. Meus pais não acreditavam na minha vocação para o cinema. Até *A Dama do Cine Shanghai*, meus pais ainda achavam que cinema era uma coisa passageira, um hobby, uma mania. Por incrível que pareça, durante anos acreditaram que um dia eu iria simplesmente mudar de idéia e voltar para a fazenda. Depois de *A Dama do Cine Shanghai* eles perceberam que não ia ter volta. Ainda tinham vontade de que eu voltasse atrás, mas perceberam que já não dava mais para conversar sobre o assunto. Antes era normal que falassem como se cinema fosse uma coisa sem importância na minha vida, no ano que vem não vai ser mais isso. Eu sentia isso claramente no meio da conversa.

Na verdade, o cinema foi apenas uma das minhas obsessões, porque eu já tinha tido outras. Tive a fase da pintura e isso passou, depois de um certo tempo. Tive uma fase em que queria ser naturalista, cuidar de reservas, de animais, na África. Então, li tudo sobre esse assunto: elefantes e leões, e tudo o mais. E tive uma fase em que queria uma coisa talvez mais próxima do cinema: queria trabalhar com o Jacques Cousteau. Quando meu pai comprou a nossa primeira televisão, para que pudéssemos ver o homem chegando na lua, eu via aqueles programas submarinos e achei que queria ser cinegrafista do Cousteau. Filmar peixe e dar a volta ao mundo. Depois esqueci. Então, meu pai sabia o que acontecia. Eu ficava muito obcecado durante um tempo e, de repente, desistia. Assim, meus pais ficaram com essa idéia de que, um dia, cinema também ia passar, que eu ia es-

quecer do cinema e arranjar outra obsessão.
Tanto que, inclusive, me deram uma câmera de filmar em Super-8 mm. Tenho certeza de que foi para ver se a mania de cinema passava logo. Com a câmera de Super-8 eu ia fazer uns filmes e logo ia me cansar do cinema e partir para outra. Só que eles se enganaram e eu acabei descobrindo que em Super-8 já dava para experimentar alguma coisa.

Minha primeira idéia, antes de me mudar para São Paulo, era vir fazer cinema na ECA (Escola de Comunicação e Artes da Universidade de São Paulo). O que atrapalhou foi que um primo meu tinha feito cinema na ECA e largado o curso na metade. Então, a família ficou com a impressão de que a ECA não era uma escola séria. Meu pai foi muito objetivo comigo: *"Se você quer fazer cinema, eu te mando para Hollywood. Você vai estudar nos Estados Unidos, mas aqui, se quiser fazer cinema, você faz por conta própria"*.

Ou seja, se quisesse fazer cinema na ECA, ia ter que trabalhar e me sustentar. Mas se quisesse ainda ser sustentado pelo meu pai, tinha que fazer alguma outra coisa séria ou então ir para Hollywood. Eu vou morrer com essa dúvida: se não deveria ter aceito essa proposta de ir para Hollywood. Na época, me pareceu absurda.

Quando essas decisões estavam sendo tomadas, eu estava ainda em Ribeirão Preto. Meus pais me mandaram passar três meses nos Estados Unidos, num daqueles intercâmbios de alunos, para eu ver se gostava de lá. Cheguei nos Estados Unidos com essa idéia: será que quero estudar aqui? A idéia do meu pai era que, depois de aprender cinema em Hollywood, eu voltasse para fazer cinema aqui no Brasil. Só que me parecia que eu ia virar um cineasta frustrado se fizesse assim. Iria para os Estados Unidos, aprenderia fazer cinema em Hollywood e nunca conseguiria fazer cinema de verdade no Brasil porque ia ficar com a ilusão de um cinema que não era brasileiro. Acho que a idéia não era errada num sentido geral. Devo ter conhecido alguém que estudou cinema nos Estados Unidos e que nunca conseguiu fazer cinema no Brasil e aca-

bou virando um publicitário frustrado.
Naquela época, existiam três possibilidades básicas de carreira séria: medicina, engenharia e advocacia. Medicina, nem pensar para mim, embora meu avô, meu bisavô, toda a família da minha mãe fosse de médicos. Uma tradição grande em Ribeirão Preto, de médicos. Mas eu, só de ver sangue já sinto tontura. Então, era impensável ser médico.

A opção mais óbvia era ser advogado. Eu tinha um tio que era desembargador em São Paulo. Meu pai me mandou conversar com ele. Falei para ele que queria mesmo era fazer cinema. Ele disse assim: *"Olha, acho que você vai perder tempo fazendo advocacia, porque, na realidade, uma escola de advocacia é quase como uma escola de línguas. Você aprende a língua. Advocacia, na realidade, você aprende sendo advogado, na prática, depois que sai da escola. Na escola você vai aprender apenas a falar "advocacês" e advocacês não vai servir em nada para você em cinema. Com advocacia você vai aprender uma língua que nunca vai usar. Como você não tem a menor intenção de ser advogado, melhor se você fizer engenharia, talvez sirva para alguma coisa"*. Como eu tinha muita facilidade com matemática, era mais fácil mesmo fazer engenharia.

Chegando em São Paulo, fui fazer o Cursinho Universitário. O engraçado é que o Francisco Ramalho Jr., cineasta, era um dos donos do Universitário. Ele me deu aulas de física. Foi o primeiro cineasta com quem conversei. Eu já sabia quem ele era, já tinha visto alguns de seus filmes. Me deu uma segurança. Então existia uma figura, que era um cineasta e que, por acaso, ainda entendia de engenharia. Quer dizer, eu não estava tão fora dos meus objetivos. Meu pai queria que eu entrasse na Escola Politécnica da USP, porque ele tinha cursado lá. Meu pai era engenheiro, mas nunca exerceu. Fez alguns trabalhos de engenheiro, mas era fazendeiro. Mas eu não entrei na Politécnica. Entrei na Mauá e meu pai ficou contente. Mas quando fui fazer minha matrícula, no caminho, cheguei à conclusão de que não queria estudar lá porque era muito longe da Av. Paulista e dos cinemas. Eu ia perder um tempão, não ia poder ir ao cinema e, como já estava matriculado no Mackenzie porque o vestibular lá tinha sido mais cedo, resolvi fazer o Mackenzie. Meus pais ficaram furiosos.

Para mim o Mackenzie foi uma grande escola. Nunca teria me formado engenheiro se fosse na Politécnica, porque a Poli é super técnica, tem muito cálculo. Eu não teria agüentado. Era bom de matemática, mas isso não quer dizer que fosse bom em tudo. Depois que começa o curso, você descobre que não é tão bom quanto pensa.

E o Mackenzie era uma escola mais leve. Na verdade, era uma escola muito mais voltada para o dono de uma construtora do que para o calculista. Foi muito boa para mim, até como formação para cinema, como havia previsto o meu tio advogado. Fiquei com uma noção muito boa de organização, de diretor de empresa, e essa é uma coisa que acabou realmente servindo para mim. Sei fazer meus filmes muito mais baratos porque sou muito mais controlado, com essa visão empresarial que aprendi na escola. Aprendi planejamento, que é mesmo o forte do Mackenzie. Na escola se falava que, se você fosse construir um prédio muito complicado, devia contratar antes um engenheiro da Politécnica. Não aprendi a calcular um prédio de 30 andares na Av. Paulista. Para isso teria que contratar alguém da Poli. Então, para mim foi bom, ou seja, consegui me formar. O Mackenzie formava, originalmente, engenheiro-arquiteto. Durante os anos 60, os militares criaram várias reformas de ensino que proibiam o curso, dividindo engenharia e arquitetura, mas o Mackenzie sempre foi contra a reforma e então dividiu, mas manteve a mesma formação na engenharia. Criaram uma escola de arquitetura separada, mas no fundo manteve-se o mesmo currículo na engenharia. Assim havia lá um lado artístico de arquiteto, que não era apenas de cálculo. Mas levei 6 anos para me formar. O curso é de 5 mas só me formei em 6 anos.

E aí estava eu em São Paulo, morando sozinho. Podia ir ao cinema quantas vezes quisesse, sem ninguém perturbar.

Morava na Rua Oscar Freire. Naquela época não era um lugar badalado. É claro que não conhecia a cidade inteira, tinha vindo apenas umas duas ou três vezes antes. Até hoje não conheço toda, mas esse pedaço, que sai dos Jardins até o Mackenzie e o centro da cidade, que era o que me interessava, eu aprendi logo.

Mantive o meu hábito de andar muito a pé, uma coisa que vinha desde os tempos da fazenda. Até hoje faço tudo o que dá para fazer a pé. Então, logo aprendi andar por todos os lados. Já sabia quais eram os cinemas legais a que poderia ir, quer dizer cinemas mais de arte. O próprio Cursinho Universitário era perto da Rua Augusta. E a Rua Augusta era um pouco o eixo por onde eu andava.

Capítulo III

Entre a Escola de Engenharia e a do Super-8

No primeiro ano depois que ganhei a câmera Super-8, filmei apenas coisas familiares em Ribeirão. Quando fui para os Estados Unidos, filmei a viagem. Para mim, essa câmera não foi uma coisa esperada; eu sabia que meus pais estavam me dando para ver se passava logo minha mania e então deixei meio de lado. Era uma coisa que não parecia servir para nada. Só fui descobrir a utilidade dela quando estava morando em São Paulo, por brincadeira.

Eu tinha um primo, chamado Alberto Tassinari, que tinha estudado na ECA. Era esse que não tinha completado o curso. O Beto fez um curta e, como sabia que eu gostava de cinema, me convidou para visitar as filmagens. Era um curta 16 mm, preto e branco, chamado *Como Sempre*. Depois ele fez um outro curta de muito sucesso, chamado *O Apito da Panela de*

Pressão, sobre o movimento estudantil contra a repressão.

Fez muito sucesso entre os estudantes durante a ditadura, e teve várias cópias confiscadas pelo DOPS. O filme nem tinha créditos. Era sobre as passeatas do movimento estudantil. Muito interessante. Não sei se hoje em dia continua interessante, mas na época era muito bom. No fundo, quem tinha dirigido era o Beto, meu primo. Embora tivesse sido feito em grupo pelos estudantes, a verdadeira cabeça de cinema era o Beto.

Depois o Beto fez um documentário sobre o nosso avô, no qual eu participei um pouco das filmagens e, em seguida, começou um curta que não terminou, abandonou o cinema e virou crítico de arte conceitual. Nessa época tive uma discussão com o Beto, da qual nasceu meu primeiro curta em Super-8. Em poucas palavras, a minha idéia era a seguinte: cinema é uma arte na qual é muito fácil você tapear, enganar o espectador. Se você quiser fingir que é artista, é moleza. É uma arte muito aberta, quase tão aberta quanto arte conceitual. Até hoje não entendo bem o conceito da tal arte conceitual. Eu diria que, com o tempo, você começa a ficar esperto e perceber o que é realmente arte e o que não é. O que é apenas um truque. Quem tapeia e quem é realmente artista. Mas a maior parte dos espectadores não sabe separar aquilo que realmente é bom de uma tapeação artística. Então, meu primeiro curta nasceu desse desafio: sou capaz de fazer um curta, que pareça artístico e que na realidade é uma tapeação, sem nenhuma idéia ou conteúdo por trás. Mas que todo mundo vai achar interessante, porque ninguém vai entender muito bem. O espectador vai ser levado apenas pela linguagem. Esse meu primeiro curta se chamava *Monótonus*. O título, além de pretensioso, já diz tudo.

Monótonus foi feito totalmente sem roteiro, era monótono mesmo, e totalmente "artístico", não tinha nenhuma lógica e nenhum sentido, mas o espectador ao assistir tem a impressão de que aquilo tudo tem uma lógica. O curta fez muito sucesso na família. Todo mundo achou o máximo. Era mudo e eu colocava um disco para ter um fundo de música clássica.

Filmei durante as férias de julho com essa câmera Super-8 que meu pai tinha me dado. Já estava morando em São Paulo. Foram minhas férias de cursinho e, com meus primos, fizemos esse curta metido a metafórico, mas que no fundo não tinha sentido nenhum. Foi minha primeira experiência e aí percebi que podia fazer alguma coisa em Super-8.

O que curto em cinema é experimentar. Não tenho vontade de fazer qualquer filme, mas gosto da idéia de experimentar. Desde experimentar as estruturas mais clássicas até as chamadas de vanguarda. Acho que desde o *Monótonus* gosto de experimentar com a câmera, condensando tudo. De noite eu inventava o que ia filmar no dia seguinte. Precisava ser filmado de dia porque não tinha iluminação artificial. E ia inventando ao sabor dos acontecimentos, de forma que aquilo parecesse ter sentido, mas no fundo não tinha sentido nenhum.

Então comecei a experimentar com filmes em Super-8 enquanto buscava por onde entrar na profissão de fazer cinema para valer.

A minha grande surpresa quando revi alguns desses filmes é serem muito bem narrados. Dá impressão de que estou contando, narrando de alguma forma, alguma história, um enredo. E olha que não tinha montagem; você tinha que montar no dedo, porque Super-8 era aquele negócio que grudava, arrebentava, colocava um durex e pronto. Quanto mais você editasse na câmera, melhor. Você tinha pelo menos três minutos sem cortes, e então montava os rolinhos com mais facilidade. Tinha que programar tudo muito bem na filmagem para depois montar os rolinhos. Instintivamente eu tinha essa virtude. Isso nem eu sabia. Depois, revendo, vi que é uma coisa natural; a única coisa que sei e que talvez tenha nascido sabendo.

Não sei como explicar, mas sempre sei onde colocar a câmera. Não sei por que aquele lugar me parece o mais apropriado, mas é uma coisa óbvia para mim. É como se fosse uma forma de ler imagens com os olhos. Isso eu já tinha no Super-8. Não tinha noção teórica nenhuma, mas os filmes têm uma narrativa, que não quebra o eixo, que tem uma continuidade, uma noção de espaço. Faz mais de 10 anos que não revejo esses curtas. Eles estão nas latas, devem estar preservados, mas nunca mais mexi.

Durante quatro ou cinco anos fiz vários filmes em Super-8. Geralmente de ficção. O mais longo deles tinha 40 minutos. Mas geralmente, tinham uns 20 minutos. Acho que o menor tinha 20 minutos e o maior, uns 40. Depois do *Monótonus* comecei a escrever os roteiros dos filminhos e transformei minhas tias e minha avó em estrelas dos meus filmes. O segundo já tinha roteiro, tinha história, personagens, era planejado. Esse segundo trabalho em Super-8 chamado *Mentes* (obviamente inspirado pelo *Imagens* do Robert Altman) foi exibido em festivais de Super-8. Depois cheguei a fazer um sonoro e participei de todos festivais que existiam naquela época. Acontece que nesses festivais meus filmes nunca fizeram sucesso. Só depois percebi o motivo.

No fundo, meus filmes Super-8 tinham linguagem de longa. Eu não os via com cara de curtas-metragens. A minha formação é muito voltada para o longa-metragem. As pessoas iam aos festivais para ver uma linguagem de Super-8 e não a encontravam nos meus filmes. Eu tentava contar histórias, e o que saía eram longas-metragens espremidos. Havia uma estrutura dramática de longa.

O próprio *Glaura*, único curta em 35 mm que fiz, uns 20 anos depois, tinha a estrutura de um longa. Era de fato um longuinha de 15 minutos. As pessoas que viram originalidade no *Glaura* foi justamente por ser um curta que tem uma estrutura de longa. E mais: o Super-8 tem uma linguagem diferente do curta em 16 mm. Se você prestar atenção, há uma pequena diferença de linguagem, mas que no fundo faz muita diferença. Então, quando você faz a coisa com a linguagem correta é que dá certo. Até se você fizer um longa com linguagem de curta, você vê que também não dá certo, fica um curta esticado, porque são linguagens diferentes.

Existe um específico do curta que não é da minha cabeça. Fazer um filme curta-metragem para mim é uma coisa complicada. Consigo fazer um longa de 15 minutos, mas um curta, com aquela linguagem específica do curta, só se alguém fizesse o roteiro muito decupado, muito pronto para mim. Eu simplesmente não tenho essa linguagem na cabeça. Tive experiência com videoclipe, mas não deu certo, porque sempre fico com uma preocupação de conteúdo, e o videoclipe não tem conteúdo. Quer dizer: fico com uma preocupação que não faz parte do específico dessa linguagem.

Cheguei a fazer uns seis ou sete filmes em Super-8. Dois nunca terminei. Montei mas nunca sonorizei. Ficaram incompletos. O último ficou faltando até filmar um pedaço. Era muito sem recursos técnicos e me cansei do Super-8.

Durante toda essa fase continuei sendo extremamente cinéfilo, assistindo filmes, em geral duas vezes por dia. Por essa época começou a Mostra de Cinema de São Paulo, que permitia conhecer filmes que não entravam nos circuitos normais. No Cine Marachá, na Rua Augusta, havia a famosa *Sessão Maldita* com a reprise de um filme antigo na última sessão de quarta-feira. Eu não perdia nenhuma. Freqüentava todos os cinemas da Paulista e Augusta até o Bijou, que era micro mas tinha uma ótima programação. Depois tinha, naquele tempo, o CineSesc, que ainda se chamava Cinema 1, mais para baixo tinha o Cine Paulista e o Cine Veneza. Um pouquinho antes de me mudar para cá foi inaugurado o Belas Artes. Mas naquele tempo eram só duas salas. E tinha o Astor. Lá no Centro eu ia ao Comodoro, Metro, Art Palácio, Ipiranga, Marabá. Se gostava de um filme, ficava para assistir de novo na sessão seguinte. Hoje em dia te botam para fora da sala.

Nessa fase, por exemplo, eu assistia a todas as pornochanchadas. Em Ribeirão já tinha assistido um pouco, mas lá havia o problema de entrar em filmes proibidos para menores de 18 anos. Mas aqui não. Eu tinha uma carteirinha falsificada com minha foto e o nome e os documentos do meu primo Dado que me permitia entrar, e logo completei 18 anos.

O meu cardápio cinematográfico continuava muito variado. Talvez aqui em São Paulo, tenha começado a ver mais filmes de arte, havia uma quantidade maior de Bergman, Fellini, Altman e outros. Mas sempre gostei de todo tipo de filme. Tinha também o cinema japonês da Liberdade. Lá havia umas sete salas, todas só de filmes japoneses, novos e reprises.

Enfim, continuei sempre cinéfilo e, como até hoje, muito eclético. Isso tem uma razão de ser. Eu acho que existem três tipos de filmes: os bons, os ruins e os medíocres. Com os últimos é melhor não perder tempo. Assistir um filme medíocre é perder duas horas de vida. Um passeio pelo parque pode enriquecer mais o espírito que qualquer espetáculo medíocre. Os bons filmes não me inspiram realmente, porque são produtos prontos, infinitamente superiores e inalcançáveis. Meu primeiro sentimento ao assistir um grande filme é o de inveja. Assistir um filme como *Apocalipse Now*, *2001: Uma Odisséia no Espaço*, *Nashville* ou *Cidadão Kane* (só para ficar em alguns exemplos) me dá uma sensação de impotência, de subdesenvolvimento terceiro-mundista que, passado o prazer de cinéfilo, só me deixa a depressão do cineasta.

É nos filmes ruins que procuro aprender a fazer cinema. Um filme sinceramente ruim sempre tem, em algum momento inesperado, pelo menos um plano que não saiu como o incompetente diretor planejava ou a precária produção permitiu; um acaso tão expressivo que explica muito mais sobre as possibilidades da arte e da linguagem cinematográfica que vários volumes de crítica analítica.

Acabo achando mais interessantes e procuro ver sempre esses filmes "ruins". Não são só filmes de maus diretores. Bons diretores de vez em quando fazem filmes ruins. Hoje em dia há menos desses filmes, porque o cinema ficou uma coisa muito cara, muito padronizada e homogeneizada, então o cineasta não pode mais se arriscar. Aumentou muito o número de filmes medíocres por conta do fato de não se poder mais errar; porque você não pode errar com milhões de dólares na mão. Para o diretor brasileiro o dilema é outro: quando você faz um filme a cada 5 ou 6 anos, e ainda custa muito caro pensando em Brasil, tem o patrocinador, o distribuidor, o exibidor, então você não pode se dar ao luxo de errar. Acho que houve uma fase da história do cinema em que os bons diretores tinham direito de errar e os filmes eram infinitamente melhores e até os erros eram muito mais interessantes e grandiosos.

Você sempre encontra naquela loucura de um filme ruim mais sobre a linguagem cinematográfica do que noutro filme, extremamente bem feito, talvez até do mesmo diretor, mas feito sem total liberdade. É difícil para um diretor de cinema conseguir ser irresponsável, mas acho importante lutar por isto. Acho legal quando você tem o direito de ser irresponsável. Saem coisas melhores do que quando você é muito responsável. Sinto isso até nos meus filmes. Sou um cineasta super responsável. Mas tenho uma fome imensa de irresponsabilidade e curto muito os filmes irresponsáveis. Talvez sejam os filmes que curto mais. Embora também curta os bons filmes, evidentemente. Mas, como falei, eles me deixam um pouco deprimido.

Nessa época cheguei à conclusão de que não ia conseguir fazer cinema estando na escola e portanto tinha de acabar logo a tal de engenharia. Durante meus dois anos finais no Mackenzie continuei indo ao cinema e até escrevi o meu primeiro roteiro de longa, mas não fiz Super-8 e me dediquei a terminar o curso de engenharia. Para sair da escola era preciso estudar um pouco. Continuei escrevendo um roteiro de longa, que nunca foi filmado, e vendo os filmes nas horas vagas. Fiz dois anos de curso em um: estudava de manhã, à tarde e à noite. O tempinho que arrumava, ia ao cinema, mas ficava mais na escola, para acabar de vez com o curso. E assim cheguei até o último ano.

Nesse último ano cheguei quase a arrumar um trabalho de crítico no jornal *O Estado de S. Paulo*. Engraçado, acho que ninguém sabe dessa história. Eu fiz todos os exames de admissão necessários no Estadão e passei. O único problema é que eu não tinha diploma de jornalista. E só tinham vaga para alguém com diploma de jornalista. Então, fiquei na fila de espera de uma vaga. Só passaram dois candidatos. O outro tinha diploma. Eu estava acabando a escola, precisava arrumar emprego e não queria trabalhar como engenheiro. Queria mostrar para o meu pai que tinha um emprego. Queria continuar em São Paulo, tentando fazer cinema, ou alguma coisa que fosse relacionada com cinema.

Por pouco não virei crítico. Assim como existem muitos críticos que escrevem como cineastas frustrados, hoje posso dizer que sou um cineasta que filma como um crítico frustrado. Parece brincadeira, mas algo que os críticos ainda não perceberam é que faço cinema um pouco como quem faz crítica de cinema. Meus filmes falam tanto sobre cinema porque no fundo são uma espécie de ensaio crítico audiovisual sobre cinema. Mas a única crítica que eu teria realmente a fazer à crítica brasileira é sobre a incapacidade dela perceber a verdadeira proposta dos filmes e analisar o resultado em relação à proposta. Alguns críticos parecem que gostariam de pedir a Picasso que não pintasse olhos na testa das mulheres porque mulheres não têm olhos na testa. Acontece que eu acredito que as mulheres têm realmente olhos na testa e cabe à arte a obrigação de deixar isto visível a todo mundo.

Não acho que caiba a mim deixar os meus filmes mais fáceis. Se alguém é responsável por traduzir as obras mais difíceis para o público, esse alguém é a crítica. Cresci numa geração que valorizava a arte cinematográfica. Hoje em dia sinto que o cinema se aproxima cada vez mais de uma espécie de artesanato cinematográfico e a crítica não parece diferenciar um bom artesanato de uma verdadeira expressão artística.

E garanto que nunca encontrei um crítico mais feroz aos meus filmes do que eu mesmo. O dia em que eu fizer um filme que me satisfaça plenamente, juro que paro de fazer cinema.

Capítulo IV

Um Engenheiro Desempregado

No final de 1978 eu estava me formando. Precisava arrumar emprego para dar alguma esperança ao meu pai. E era o momento certo de arrumar um emprego em engenharia, porque no Mackenzie os professores titulares, em geral, eram donos ou diretores de empresas. E convidavam os alunos para trabalhar nas empresas deles. Um dos professores tinha me convidado para fazer um estágio na empresa dele, que era o primeiro passo para conseguir um emprego definitivo. E eu ali, sabendo que se perdesse aquela oportunidade, poderia não aparecer outra no futuro.

Todos os alunos estavam se colocando e eu tinha essa chance, porque era muito bom em engenharia hidráulica. Era o melhor aluno em hidráulica, então era meio tentador ir para esse lado. Mas eu já tinha até escrito um roteiro de longa-metragem. Queria era fazer cinema. Aconteceu outra casualidade. No Mackenzie eu tinha um colega de classe que era diretor de fotografia dos filmes do meu primo Beto, e já o conhecia do tempo que ele fez esses curtas. Inclusive *O Apito da Panela de Pressão* tinha sido fotografado pelo Odon Cardoso. O Odon tinha largado o Mackenzie no terceiro ano e fora trabalhar numa produtora de comerciais.

A produtora chamada Spectrus pretendia fazer um longa-metragem. Era formada por ex-estudantes de esquerda que agora estavam fazendo publicidade para sobreviver. Ficavam naquele dilema existencial, naquela ambigüidade, naquele conflito. Gente de esquerda, totalmente de esquerda, e fazendo publicidade. Além de comerciais, eles queriam produzir longas-metragens. Faziam muitas reuniões políticas; coisas que eram bem típicas daquela época.

Analisando hoje, parece quase ridículo, porque havia essa ambigüidade enorme, mas na época era sério. Existia uma ditadura fortíssima e um monte de gente achando que iria derrubar o governo. Eu não era totalmente integrado nisso, era uma figura paralela, era amigo dessas pessoas, convivia com elas, curtia e queria fazer cinema, de qualquer jeito e qualquer tipo de cinema.

Eu era muito ingênuo, politicamente. Era contra a repressão, é claro. Mas não sei se tinha uma noção muito exata da questão. Não acho que todo mundo tivesse. Era uma coisa muito complicada. Eu não tinha uma visão clara porque, no fundo, não sabia nem direito o que era marxismo, comunismo, stalinismo, essas coisas. Gostava de Encouraçado Potemkim porque era cinema puro; não estava realmente preocupado com o proletariado. Não sei se os outros tinham alguma noção dos problemas, mas eu pelo menos não tinha.

E também não tinha noção do perigo que corríamos, se é que de fato corríamos algum. No fundo, acho que a maioria daquelas pessoas era tão insignificante, tão inofensiva, que não corria perigo algum.

Eu nunca imaginei que fosse ser preso, por exemplo. Isso era uma coisa completamente fora de questão. Havia umas reuniões nas quartas-feiras, e ponto final.

Confesso que só anos depois é que eu fui entender o que era aquilo. E só quando estava na Boca do Lixo é que fui descobrir o que era realmente a Censura.

Como eu tinha escrito um roteiro e estava bem feitinho, o Odon me apresentou e me chamaram para escrever um roteiro para o Roberto Santos. Nem sei se alguma vez o Roberto ficou sabendo disso. Tenho minhas dúvidas. Mas eles queriam que o Roberto Santos fosse o diretor e me chamaram para escrever o roteiro. E fiquei lá escrevendo esse roteiro que nunca ficou pronto. Era a história de dois surfistas no estilo *Easy Rider*.

Capítulo V

As Bordadeiras de Ibitinga

O dono da Spectrus era nascido em Ibitinga, no interior de São Paulo, e queria fazer um documentário sobre a cidade, que é uma cidade de bordadeiras. Obviamente, como o grupo era de esquerda, todo mundo achava aquilo ridículo. Ninguém dava importância, o cara insistia e todo mundo mudava de assunto. Até que um dia eu falei: *"Tá bom. Eu faço"*. Fui para Ibitinga, pesquisei, voltei e escrevi um roteiro, superredondinho. Numa rádio, um locutor da cidade narrava histórias sobre o local e nós íamos mostrando a cidade e seus personagens. Todos lá escutavam rádio. Não sei se até hoje é assim, mas naquela época todas as mulheres bordavam escutando rádio. Isso acabava unindo as pessoas.

Fiz um roteirinho superdecupado, profissionalíssimo. Juntamos a equipe e fomos para Ibitinga fazer o documentário. Naquela época, o Odon

Cardoso, que era diretor de fotografia, tinha resolvido virar produtor e por isso convidou o Cláudio Portioli para fotografar o filme. Eu ainda não conhecia o Portioli.

Não me lembro quantos dias tínhamos de filmagem e o Cláudio, logo no primeiro dia, disse que achava que eu devia era fazer longas-metragens, que a minha praia era a ficção e não o documentário. É que eu chegava, começava a querer enquadrar, começava meio que querer dirigir as bordadeiras. Isso não era exatamente uma técnica de documentário. O Portioli dizia: *"Você tem que chegar e filmar do jeito que está!"*

Na época eu tinha uns 23, 24 anos. Respondi que o que queria mesmo era fazer cinema e que aquela tinha sido minha única oportunidade. O Cláudio me disse: *"Então vou te arrumar um emprego na Boca"*. E continuamos fazendo o filme. Ibitinga era interessante porque era uma cidade dominada pelas mulheres. As mulheres é que mandam na cidade, na política, e os homens são meio colocados de lado, meio descartáveis, a não ser quando eles são também bordadeiros. A cidade era totalmente dedicada ao bordado. Em todos os cantos, todo mundo bordava.

Lá em Ibitinga conheci o prefeito, que me perguntou quanto custava uma cópia desse filme que estávamos fazendo, porque ele queria ter uma para a Prefeitura. Eu disse um valor, que era o da produção do filme inteiro, e ele não achou caro. O produtor quando soube achou aquilo maravilhoso. Ia vender uma cópia pelo preço de toda a produção. Achou fantástico.

Conseqüência: o prefeito resolveu aparecer na montagem para assistir ao copião. Eu tinha filmado e montado estritamente o roteiro que havia escrito, sem mudar nada. Roteiro esse que tinha sido aprovado em reunião; tinha todas aquelas reuniões para decidir todos os problemas da produção e etc. Tudo tinha que ser passado na reunião e devia ser aprovado por todo mundo. Todos leram o roteiro e aprovaram. Totalmente coletivo, como se usava na época.

O que eu tinha me proposto a fazer estava sendo montado, exatamente do jeito que tinha me proposto a fazer. Porque eu, naquela época, achava que tinha que ser assim. Mas o Prefeito assistiu e fez uns comentários sobre o fato de eu ter filmado na favela da cidade. Uma favela bonita, bucólica, cheia de bordadeiras, porque elas trabalhavam na favela também. Nada depreciativo para a cidade. Tinha também filmado uma ou duas coisas que fizeram o prefeito comentar: *"Ah! Você foi filmar isso? Por quê?"* Quando o prefeito saiu, o produtor vira pra mim e diz: *"Tem que cortar"*.

Bem, eu escrevi o roteiro, todo mundo aprovou. No filme, você percebia que tinha essa coisa da cidade ser comandada por mulheres, mas não era um negócio sacana em momento nenhum. Muito delicado e sutil. Era uma crítica, mas eu, em momento nenhum, colocava aquilo como minha crítica à cidade. A coisa era velada. *"Ah! Tem que mudar isso, tem que cortar aquilo!"*. Então briguei com o produtor e falei: *"Se você quiser cortar, começa cortando meu nome do filme. Fiz o filme desse jeito e é desse jeito que vai ficar, pelo menos enquanto o meu nome es-*

tiver nele". O produtor mudou tudo, remontou o filme. Naquela época havia a Lei do Curta; o filme não passou pela Lei do Curta porque consideraram como filme institucional. Todo o meu lado crítico e social tinha sido cortado. Virou reclame de bordadeiras. Esse filme nunca cheguei a ver pronto. Briguei. Nem considero como filme meu. Nem assinei, nem assisti. Acabou não passando em lugar nenhum. Nem na cidade de Ibitinga. Nem o Prefeito comprou a tal da cópia. Depois de interferir na montagem, o prefeito acabou não pagando, mesmo cortando a favela e tudo. Acho que foi reza brava minha.

Com Ody Fraga, na cama de Palácio de Vênus

Capítulo VI

Um Engenheiro na Boca do Lixo

Em junho de 1979 comecei trabalhar na Boca do Lixo como assistente de direção. Eu já tinha tentado entrar no cinema de várias maneiras, já tinha feito um curso de cinema com o Francisco Ramalho Jr., nem sei se ele era ainda dono do Cursinho Universitário. Mas no final de 78 fiz um curso, meio profissionalizante, patrocinado pelo Sindicato, que era para formar, digamos assim, mão-de-obra não diplomada que quisesse trabalhar na Boca do Lixo. O Roberto Santos dava aula, o Ramalho, e outros de vários setores: produção, direção, montagem, roteiro. No final do curso o Sindicato fornecia um diploma.

Nessa época eu já tinha um bom conhecimento de cinema brasileiro. Assistia a todos os filmes brasileiros que entravam em cartaz. De todos os tipos. Cinema Novo, tudo que ainda havia para ver, pois já tinha visto bastante em Ribeirão Preto. Lá mesmo, em Ribeirão Preto, vi dois filmes que me marcaram muito e marcam até hoje, que foram: *O Bandido da Luz Vermelha,* do Rogério Sganzerla, e o *Capitão Bandeira contra o Doutor Moura Brasil*, do Antônio Calmon. O *Capitão Bandeira* e o *Bandido* me marcaram como linguagem cinematográfica, me mostraram como eu gostaria de fazer um filme, um filme brasileiro sem dever nada às linguagens importadas. Filmes com toda aquela liberdade e irresponsabilidade que eu admiro tanto.

Soninha Toda Pura com a Adriana Prieto foi a primeira pornochanchada que eu vi na vida, ainda em Ribeirão Preto. Eu achei aquilo o máximo. Era a reunião do cinema com o sexo, as duas coisas mais importantes na minha cabeça de adolescente. Acho que o cinema tem sempre uma forte carga de sexo, mesmo quanto o filme não é erótico. Ir ao cinema é uma experiência profundamente voyeurista e traz consigo uma relação erótica entre o espectador e os atores da tela. Não há preconceitos sexuais nesta relação. Além disso também sou um fã da ambigüidade e sexo tem uma iconografia muito ambígua e muito rica. Falo em iconografia porque acredito que a linguagem cinematográfica vai fazer uso cada vez maior de ícones. Basta conectar a Internet para se ter uma idéia de como os ícones estão invadindo a comunicação humana. Os ícones vão substituir a linguagem tradicional por uma universal. Se uma imagem vale por mil palavras, um ícone vale por mil imagens.

Dos filmes brasileiros que me lembro, ainda em Ribeirão, vi também dois do Carlos Coimbra: *Dioguinho* e *A Madona de Cedro*, com a Leila Diniz. Dioguinho acredito que deve ter sido o primeiro filme brasileiro que vi na vida. Vi na escola, numa projeção na escola dos padres.

Bem, lá se foi o curta de Ibitinga. Então fiquei na rua. Corri atrás do Cláudio Portioli e disse: *"Você falou que me arrumava um trabalho na Boca. Agora acabou o roteiro do Roberto Santos, acabou o curta, briguei com todo mundo lá, estou na rua da amargura"*.

Por coincidência, o Portioli estava começando um filme produzido pelo David Cardoso e dirigido pelo Ody Fraga. O Ody trabalhava sempre com um assistente de direção, mas esse assistente tinha arrumado um emprego fixo e não poderia fazer aquele filme.

O Portioli falou para eu ir conversar com o David Cardoso e me instruiu: *"Tudo que o David perguntar se você faz diga que sim, que sabe fazer. Depois te ensino como faz"*. Aí fui falando que fazia de tudo.

Eu teria que fazer o trabalho do assistente de direção, além da continuidade, vestuário, um monte de coisas e até tirar fotografia de cena. Foi a única coisa que eu disse que não fazia, com certeza. Até hoje não gosto de tirar fotografias. Sou péssimo fotógrafo. Então o Portioli, que havia dito que eu fotografava, assumiu também a fotografia de cena. E eu entrei finalmente no cinema profissional. O roteiro do Ody era muito interessante. Fiquei entusiasmado com o roteiro, porque era, inclusive, um roteiro político.

Isso era em 1979. O roteiro era exatamente a mesma história do *Pra Frente Brasil*, de Roberto Farias: um cara vai preso pela polícia, por engano, porque era amigo de um militante político e é torturado, etc. Só que esse roteiro vinha três anos antes de *Pra Frente Brasil*. No entanto, a produção era tão modesta e a autocensura tão forte que ninguém nunca percebeu que os dois filmes tinham exatamente a mesma história.

O título do filme era *E Agora, José?*, com o codinome que eu inventei, por acaso, de brincadeira, que era: *Tortura do Sexo*. Na época, todas as pornochanchadas tinham a palavra Sexo no título e como o filme era sobre tortura... Falei um dia de piada para o David Cardoso e depois, para minha surpresa, vi no cartaz do filme.

Na história, o torturado recitava trechos de poesias, de *Alice no País das Maravilhas*, e outras coisas. Enfim, era um filme tão cheio de citações e alusões políticas, que achei fantástico, embora, editado, não tenha ficado como eu esperava.

Não fez sucesso nenhum. Nem como *E Agora, José?*, nem como *Tortura do Sexo,* porque era um filme pesadíssimo e confuso; o público não entendia direito. Era politicamente tão velado, por causa da censura, que o público de chanchadas não percebia o que o filme queria dizer. E de chanchada não tinha nada. Só você lendo o roteiro entendia que aquilo tinha por trás uma concepção política ou algo do gênero.

Eu era engenheiro; na época já tinha me formado. Um engenheiro na Boca do Lixo. O David Cardoso, por exemplo, pela primeira vez na vida arrumou um assistente que sabia hoje o que iria ser filmado amanhã. É lógico que fiz sucesso.

Comecei a trabalhar fazendo tudo como tinha aprendido nos livros. Achei que na Boca era igual em Hollywood. Fiz análise técnica, fiz programação, ordem do dia. Fiz tudo aquilo que achava que era o meu trabalho, sem perguntar se tinha de fazer ou não, sem saber que não tinham o hábito de trabalhar assim. Quando o David e o Ody viram toda aquela organização, com a qual não estavam acostumados, ficaram surpresos e muito satisfeitos. Eu deixava tudo organizadíssimo.

O Ody estava acostumado mais ou menos na bagunça, e agora tinha alguém que dizia para ele: *"Hoje você vai filmar tal cena, assim, assim"*. Então, me dei muito bem e acabei fazendo vários filmes com o Ody, como assistente de direção, como *Palácio de Vênus* e *A Fêmea do Mar*.

Isso representou uma bela experiência e me deu uma segurança muito grande de que, por pior que sejam as condições de filmagem, você sempre consegue fazer um filme, se tiver um mínimo, não vou dizer de talento, mas de noção do que você está fazendo. Não que eu advogue essa linha pela qual algumas pessoas se batem muito, que é a de fazer filmes sem dinheiro, por uma questão de princípios. Acho isso besteira.

São feitos filmes sem dinheiro porque não se tem dinheiro mesmo, mas temos que procurar o máximo possível arrumar mais dinheiro. Eu faço muito melhor se tiver dinheiro.

Faço sem porque não consigo mais, mas não porque ache que isso me instiga ou aumente minha criatividade. A Boca me ensinou a trabalhar com o mínimo, porque lá a condição era mesmo precária. Você ficava sabendo onde iria filmar no dia, ficava sabendo na hora o que servia e o que não servia. No máximo na véspera mandavam o assistente ir dar uma olhada no set de filmagem.

Outra coisa que aprendi com a pornochanchada foi tratar o sexo como algo cotidiano, natural e sem pecado. Sinto essa diferença quando vejo cenas de sexo na maioria dos filmes dos outros. Parece que o diretor teve vergonha de dirigir a cena. Os atores parecem cheios de *"não me toques"* e o resultado fica muito mais pornográfico e agressivo, para não dizer perfeitamente dispensável por causa do pudor do diretor. Uma cena de sexo filmada com naturalidade pode mostrar muito mais, chocando muito menos e parecendo mais integrada no contexto do filme. O pecado nos filmes está nos olhos do diretor.

Outra coisa que aprendi também, e que acho muito importante, é você procurar colocar no filme tudo o que você tem e usar a linguagem cinematográfica para esconder tudo aquilo que você não tem. Se você chega numa casa e tem duas paredes interessantes e duas feias, você faz o filme com aquelas duas paredes boas e faz o espectador acreditar que as outras duas eram tão boas quanto, mas você não quis mostrar. E o espectador sai do cinema com a impressão de que viu as quatro paredes perfeitas.

Na Boca era assim. As condições eram aquelas e você tinha que resolver. Chamávamos de regra do *"não tem tu, vai tu mesmo"*. É uma coisa de linguagem. É a mesma coisa que você ter que escrever um texto, mas não poder usar todas as palavras. Usar apenas algumas palavras. Então, como é que você monta o texto, para passar um raciocínio sem acharem que te faltaram palavras; acharem que era aquilo mesmo que você queria dizer?

Isso acho que foi a coisa mais importante que aprendi na Boca, porque a questão da linguagem artística e da própria formação cinematográfica, eu já tinha antes de chegar na Boca. Todos os anos que fiquei na escola lendo livros e assistindo filmes. Já tinha uma noção da idéia, do tipo de cinema que gosto, do tipo de estética que me interessa.

Então, na Boca, em um ano e meio, fiz oito filmes com vários diretores. Trabalhei com diretores estreantes e diretores que nem eram realmente diretores de cinema. Não sei se trabalhei com todos os tipos de diretores, mas trabalhei com tipos bem variados.

O segundo filme em que trabalhei foi com o José Adalto Cardoso, *Império das Taras* que, quando filmamos, tinha o singelo título de *Descaminhos*. *Império das Taras* foi importante na minha vida por um motivo: nele trabalhava como ator o Henrique Martins, já na época um importante diretor de novelas, acho que desde os tempos da TV Tupi. Ele tinha sido ator do *E Agora, José?*, no qual tínhamos tido uma pequena discussão. O Henrique era uma pessoa muito profissional e correta. Tivemos uma discussão por um problema de continuidade; se o personagem tinha cruzado ou não a perna e ele insistia que tinha cruzado a perna e eu insistia que não. Mas obviamente eu não tinha ainda segurança, era meu primeiro filme, ele falou que cruzou a perna e eu comecei achar que ele tinha cruzado mesmo a perna e filmamos com a perna cruzada. Na dublagem (os filmes eram todos dublados) ele viu que estava errado, me ligou e disse: *"Olha, eu queria te pedir desculpas, você tinha razão"*. Então criamos uma certa amizade, uma ligação. E aí, quando estávamos filmando o *Descaminhos*, veio uma discussão sobre a roupa de seu personagem. Na minha análise técnica, o delegado (personagem do Henrique Martins) estava com uma roupa na cena de um crime e com a mesma roupa quando conta sobre o crime para o pai da vítima. Só que o diretor olhou e falou: *"Não, na cena com o pai, o delegado está de terno e gravata"*. Eu achei meio absurdo o delegado sair do local do crime, passar em casa e vestir terno e gravata, mas o diretor tinha falado e eu fiquei quieto.

Na hora do almoço, o Henrique disse, na frente de todo o mundo, que eu era um assistente de direção de merda e que assistente de direção tinha que ter idéias próprias e lutar por elas. Realmente, até aquele momento, eu tinha uma postura muito passiva. Fazia tudo o que o diretor mandava e estava lá, tudo em cima, mas era muito passivo. Não tinha qualquer postura de discussão. Jamais chegava para o diretor e discutia minhas idéias. Concordava com tudo. Nunca disse: *"Não, isso eu não concordo"*. Nunca.

E, segundo o Henrique, eu tinha que chegar para o diretor e dizer que aquilo era um absurdo. O Henrique estava discutindo por causa do personagem dele, que achava absurdo o personagem passar em casa para vestir um terno, só para ir avisar o Coronel que a filha morreu assassinada. E aí eu fui falar com o diretor. Falei que achava que aquilo era absurdo, mas o Adalto disse que não, que ele era o diretor e ele é quem mandava, que achava perfeitamente normal, que eu podia ter a opinião que quisesse e não importava.

Aí eu voltei e falei para o Henrique Martins e ele disse: "*Tudo bem, mas você falou. Você tem obrigação é de falar. Se o cara mandar fazer, o problema é dele. Você não pode é se omitir*".

Isso para mim foi muito importante. A partir desse filme, passei a ter uma postura muito mais agressiva; não agressiva no sentido de brigar, mas de colocar minha opinião e lutar por ela. Já no terceiro filme que fiz, que era outro filme do Ody Fraga, *Palácio de Vênus*, o Ody escolheu uma locação com 4 quartos, para fazer uma casa que no roteiro tinha 14. E havia várias coisas impossíveis no roteiro, do tipo o personagem sair do quarto e ir para a cozinha e não passar pela sala, mas na casa você tinha que passar pela sala para chegar na cozinha. Então, como a geografia do roteiro não combinava com a da locação, o Ody me nomeou diretor de geografia e eu tive que me virar.

A cenografia do filme também tinha pouquíssimos móveis. Cada quarto eu mudava, rearranjava os móveis, os quadros na parede, a porta do banheiro virava porta de entrada e vice-versa até parecer um quarto diferente. Eu fui criando toda uma geografia diferente da real e que só existe no filme. Enfim, comecei tomar um partido mais de assistente de direção mesmo e isso acabou sendo muito bom como aprendizado.

Em 1980 fui assistente de direção de cinco longas: *A Fêmea do Mar*, filmado em Florianópolis, *Pornô* e *Aqui, Tarados!*, dois filmes em episódios filmados ao mesmo tempo, *As Meninas de Madame Laura* e *Os Indecentes*. Trabalhei com diretores como Luís Castellini, John Doo, Antônio Meliande e Ciro Carpentieri.

Eu gostava muito de trabalhar na Boca. Pode ser que, olhando agora, eu ache os filmes muito ruins, mas na época, de alguma forma, era o único grupo que tinha me aceitado. Acho que não tinha qualquer atitude crítica em relação àquilo.

Fazia com o maior prazer e entusiasmo, com a maior seriedade. Realmente gostava. Não era nada de excepcional, mas todos faziam o maior esforço. Não era só eu; o Claudio Portioli, o Jair Garcia Duarte, que era montador. Todos se empenhavam muito para que o filme saísse da melhor maneira possível. Tinham orgulho do seu trabalho. E eu tinha um carinho como se aquilo fosse meu. Era minha obra, de uma certa maneira, embora não tivesse nada a ver comigo, no fundo.

Eu freqüentava diariamente a Boca do Lixo. Talvez fosse um pouco ingênuo, quando me lembro, mas era muito feliz. Afinal, estava trabalhando e, mesmo que aquilo não pagasse muito bem, eu tinha muito mais dinheiro do que antes. O mais importante: era dinheiro meu, e não precisava viver de mesada. Então, me sentia muito bem.

Eu tinha uma formação cinematográfica que quase ninguém na Boca tinha. Mas aprendi muito e, se por um lado, havia coisas negativas, invejas e tudo o mais, porque alguns me viam como um menino rico que estava lá passeando, por outro, tinha uma série de pessoas que acho que acreditavam realmente em mim, desde o começo. Alguns achavam que eu ia ser um bom diretor um dia.

Quando cheguei a esse ponto, algumas pessoas já diziam: "*Você precisa dirigir logo porque está ficando palpiteiro demais. Então, é melhor dirigir o seu filme logo de vez*". Isso para mim foi muito bom. Eu comecei a ficar mais responsável e curioso. Em todos os filmes comecei a participar da dublagem. Mesmo sem receber nenhum salário, eu ia para aprender como era a dublagem, então aprendia e percebia os problemas e comecei a fazer o som-guia dos filmes. Comecei a participar da montagem dos filmes; de quase todos os filmes em que era assistente e de alguns que nem tinha sido. Só perdia a montagem se estava trabalhando em outro filme.

Participei o máximo possível de todas as etapas dos filmes em que eu era assistente de direção.

Foi um ano e meio assim, de curso intensivo de cinema, na prática mesmo e eu me sentia preparado para dirigir o meu próprio filme.

Capítulo VII

Nasce um Diretor

Nesse tempo todo continuei indo ao cinema e escrevendo sinopses, argumentos e roteiros, mas não arrumava nenhum produtor.

Da época da Boca do Lixo, o único filme que gostaria de ter feito e não fiz foi *Detalhes*, todo com música do Roberto e Erasmo Carlos. O produtor Augusto Cervantes leu o roteiro e gostou. Um filme baratíssimo. Filmado todinho num galpão, enfim, era uma produção bem simplezinha, mas o Ody Fraga leu o roteiro e deu o único parecer que não podia ser dado: era excelente, mas não era comercial. Se ele tivesse dito que o roteiro era uma merda, mas que era comercial, perfeito. A única coisa que ele não podia dizer na Boca era que o filme não era comercial. Até hoje acho que era muito comercial. Não era exatamente uma pornochanchada, embora tivesse cenas de sexo e tudo. E já era um filme meu, uma reflexão sobre o cinema.

Mas é claro que o Ody não ia deixar que eu fizesse um filme com o produtor que produzia os filmes dele. Muita ingenuidade da minha parte.

Tanto que depois que o Ody morreu, o Augusto voltou a me procurar para fazermos o filme. Mas então eu já estava fazendo *A Dama do Cine Shanghai* e tinha um monte de projetos em vista. O filme acabou nunca sendo feito. Foi o único projeto que me arrependi de nunca ter feito. Já tinha o roteiro inteiro. Era uma historinha simples, de amor. Eu já tinha até falado com o pessoal de direitos autorais sobre as músicas do Roberto Carlos. Um filminho comercial e barato.

Com *As Taras de Todos Nós* foi tudo muito rápido. Eu tinha acabado o último filme como assistente de direção no dia 15 de dezembro e no dia 15 de janeiro estava dirigindo meu primeiro longa. Só fui perceber o que tinha feito na hora em que o filme ficou pronto. Virei diretor sem planejar. Foi completamente inesperado, de repente eu tinha cometido um filme. Virei diretor sem me preparar psicologicamente. Eu nunca tinha pensado: *"Bom, agora vou virar diretor"*. Depois do projeto de Detalhes, que acabou não saindo, meus colegas já falavam: *"Você tem que dirigir, chegou a hora"*. Com o sucesso de *A Noite das Taras*, do David Cardoso, tinha um dono de posto de gasolina que queria produzir um filme em episódios e propôs isso para o Toninho Meliande, que propôs ao Odon Cardoso, ao Cláudio Portioli, ao José Adalto Cardoso e a mim. Seria um filme em quatro episódios. Eu dirigiria um deles. Comecei a escrever o roteiro dos quatro e terminei em menos de um mês. No final, o projeto acabou ficando com apenas três episódios. Só que, quando o roteiro ficou pronto, não sei o que aconteceu, o tal do dono do posto de gasolina resolveu produzir outro filme, e eu fiquei com esse roteiro nas mãos. O Odon levou o projeto para a Spectrus, do Sérgio Tufik, o mesmo que tinha brigado comigo por causa do curta de Ibitinga. O Sérgio continuava tentando produzir um longa-metragem, mas não conseguia. Eu propus o seguinte: *"Vamos fazer uma pornochanchada baratinha para experimentar e para conhecer o mercado. Um filme comercial sem risco, com todos os elementos necessários. Você não precisa nem ler o roteiro e promete que não vai se meter na montagem. Eu prometo um filme no estilo padrão, com tudo o que aprendi na Boca do Lixo. Se tivermos que tropeçar, será numa coisinha pequena, caseira".*

O filme foi feito com US$ 45 mil. Muito barato. Naquela época, na Boca, se fazia com, pelo menos, US$ 80 mil, US$ 90 mil. Mesmo para os padrões da Boca, *As Taras* era um filme baratésimo. Foi feito com quase nada de negativo, equipe micro, elenco de amigos. Depois, com o que aprendêssemos, faríamos um filme melhor e que não fosse pornochanchada.

No princípio iam ser três episódios e três diretores: O Adalto, o Odon e eu. Depois o Adalto se desentendeu com o Tufik e saiu do filme. Ficamos eu e o Odon. O Odon iria fotografar os três episódios e dirigir um.

Então chegamos à conclusão que era melhor eu dirigir os três e assim nasceu *As Taras de Todos Nós*. Metade do filme foi rodado na casa da minha avó, em Ribeirão Preto. Não que eu tivesse programado filmar lá, mas precisávamos de uma casa grande e o Sérgio não conseguiu achar uma casa grande em São Paulo, emprestada, de graça, para filmar. Aí me veio a idéia da casa da minha avó e eu telefonei e disse: *"Olha, estou indo amanhã cedo para filmar aí"*.

O melhor episódio é o último, sobre um espectador de pornochanchadas que é muito infeliz com a mulher e vive se masturbando no cinema. É o único que vale a pena assistir. Usava trechos dos filmes em que eu tinha sido assistente de direção. Na realidade, eram sobras desses filmes. Cenas que não tinham sido usadas, que tinham sido cortadas. O episódio se chama *Programa Duplo*. Os dois primeiros se chamam *O Uso Prático dos Pés* e *A Tesourinha*.

O primeiro episódio é sobre um vendedor de sapatos que é apaixonado pelos pés de uma mulher. É de fato muito ruim, mas é meu primeiro trabalho com a Matilde Mastrangi. Ela é a única atriz que trabalhou em todos os meus filmes. Era uma atriz muito famosa, na época. Na realidade, o que aconteceu com a Matilde foi que, quando trabalhei com ela no *Palácio de Vênus*, um dia ela chegou para mim e falou assim: "*Eu quero ficar sua amiga, porque acho que você vai ser um grande diretor e quero trabalhar nos seus filmes*". Então, quando fui dirigir meu primeiro filme, precisava de um nome famoso.

Matilde Mastrangi

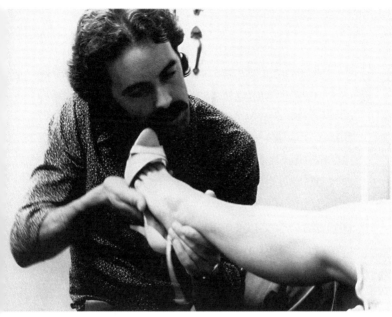

Amilton Monteiro no episódio O Uso Prático dos Pés

Uma atriz conhecida, e a Matilde estava no auge do sucesso e disponível. Liguei para a Matilde e falei: *"Não é exatamente o filme que acho que você esperava que eu fizesse, mas vou dirigir meu primeiro filme, você falou que gostaria de trabalhar comigo, e então está feito o convite"*. E ela foi muito legal. Perguntou: *"Como é que é a história?"* Eu falei: *"É a história de um cara que fica apaixonado pelo seu pé"*. E ela: *"Olha, nem precisa mandar o roteiro, vou ter que fazer esse filme, porque todo mundo só me convi-*

da para fazer filmes sobre gente apaixonada pela minha bunda. Essa é a primeira vez que sou convidada pelos meus pés, então, acho que esse filme vou ter que fazer de qualquer jeito". E realmente fez e foi importante pra mim, porque ela era o nome que eu precisava.

Esse primeiro episódio não é realmente muito bom e nem aquilo que eu gostaria de dar para a Matilde, um papel bom de fato, que aproveitasse todo o talento cômico que ela tem; e acho que estou devendo isso a ela até hoje.

O segundo episódio, *A Tesourinha*, conta a estória de um senhor que é colecionador de pentelhos. Um velho muito sisudo, muito recatado, que coleciona os pentelhos das prostitutas com quem transa. Aí tem uma relação com uma sobrinha adolescente; é um negócio meio incestuoso, filmado todo num estilo de pornô-chic. A única coisa importante para mim nesse episódio é que filmei todinho na casa da minha avó Dulce. É o local em que me sentia mais seguro, mais em casa. Isso no mundo inteiro. Nunca houve outro lugar em que me sentisse mais à vontade do que na casa de minha avó; avó que foi a única pessoa que sempre, desde o começo, me incentivou a fazer só aquilo que eu queria, não importava o que fosse. A casa dela estava sempre aberta para mim. Era o meu castelo, minha ilha. Eu gostava muito da minha avó e fiquei contente de ter filmado na casa que ela também gostava tanto. De certa maneira, é o único documento daquela casa, que hoje não existe mais.

Filmagem de A Tesourinha

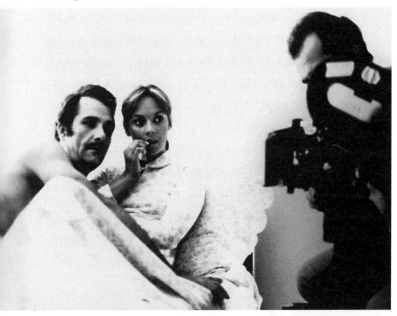

Pena que não consegui convencer minha avó a fazer um pequeno papel no episódio. Minha avó morreu um ano atrás e até o fim da vida manteve a casa, durante mais de 40 anos, exatamente como está no filme. A minha avó desenhou, construiu e mobiliou a casa e depois nunca mudou quase nada. Trocava, no máximo, o pano dos sofás, e isso porque não achava o tecido igual. Mas a casa sempre foi muito igual. E eu filmei a casa toda.

A minha avó não tinha a menor idéia do que estávamos filmando na casa dela. Liguei para ela, à noite, dizendo que no dia seguinte estava chegando. E, de fato, no dia seguinte chegamos com uma equipe inteira para filmar, invadindo a casa. Minha avó sabia que devia existir um roteiro, já tinha lido alguns dos roteiros que eu havia escrito antes, mas eu disse a ela que esse roteiro, com a mudança de São Paulo para Ribeirão, precisava ser reescrito e que eu estava improvisando tudo na hora. Mas ela via algumas pessoas com um roteiro e eu sempre dizia que não era o roteiro do filme: "*Estou criando tudo, inventando tudo na hora, porque o roteiro não existe"*. Ela queria, obviamente, ler o roteiro. E agüentou uns dois ou três dias sem ler. Até que um dia a minha irmã contou tudo para ela, nos mínimos detalhes. Minha irmã tinha lido o roteiro em São Paulo. A sorte é que a minha irmã contou com tanta naturalidade, com tanta ingenuidade, achando aquilo tão divertido, que a minha avó, quando enfim leu o roteiro, entendeu tudo sob o mesmo ponto de vista da minha irmã. Ela comentou comigo: *"É meio forte essa história, não é?"*

Era, mas minha irmã tinha achado muito divertida. Como a minha avó também achou e adorou o filme, que ficou seis semanas em cartaz em Ribeirão Preto, o que era inédito para qualquer filme. E mais: minha avó ligava, todos os dias ao cinema, dizendo que queria ir assistir, mas que não gostava das sessões muito cheias, queria saber se ainda tinha lugar. O bilheteiro sempre respondia: *"Claro que tem lugar, minha senhora, pode vir"*. Mas o que ela queria mesmo era saber se tinha público, se fazia sucesso.

A minha equipe adorou minha avó. Minha avó fazia chá à tarde. Parávamos a filmagem, e ela servia chá com bolachinhas para toda a equipe, que foi maravilhosa e não quebrou um bibelô da casa. No caminho de São Paulo para Ribeirão fiz um discurso longo a respeito do fato de estarmos filmando na casa da minha avó. Mas todo mundo foi corretíssimo. Ela chorou muito quando fomos embora: *"Vocês ficam aqui uma semana, agora vão embora e me deixam aqui sozinha"*. Ela ficou arrasada. Anos depois, toda aquela equipe na Boca ainda me perguntava como andava minha avó e mandava lembranças. Minha avó se divertiu o tempo todo e depois ainda gostou do filme. Então, esse episódio foi importante para mim, só por isso. Mas, de fato, o episódio bom é o terceiro. Curiosamente, é o mais malfeito. Os episódios eram para ser filmados em 6 dias, cada um, mas com a mudança para Ribeirão, no segundo episódio, eu acabei gastando 7 dias. Então, para o último episódio acabaram sobrando apenas 5 dias. Além disso, teve um problema sério com o fotômetro do Odon, e alguns planos saíram subexpostos. Mas não existia naquela época o menor pensamento, a menor possibilidade, de você refilmar alguma coisa por problemas fotográficos. Na Boca isso não existia. Você saía para fazer, e a hora que acabava, acabava. Não existia essa história de filmar de novo. Só se fosse uma coisa espetacular, uma seqüência inteira que tivesse se estragado no laboratório e era fundamental. Eu tive que montar do jeito que saiu mesmo.

Eram três semanas de filmagem e acabou. Não sei como a gente conseguia. Afinal eram filmes de 90, 100 minutos, como qualquer outro. Meus outros longas, levei o dobro, entre seis e sete semanas. Não sei como consegui fazer em tão pouco tempo e com uma quantidade de negativos fechada: o diretor tinha uma lata por dia. Eram 18 dias de filmagens, você tinha 18 latas. Então, se você gastava um pouco mais de uma lata num dia, sabia que no dia seguinte ia ter que gastar menos. Eu tinha 18 latas, eram 18 dias de filmagens. Então, todo o dia tinha que perguntar para o assistente de câmera quanto tinha rodado. Tinha que ser uma lata.

Se sobrou um pouco, no dia seguinte, eu já estava mais tranqüilo. Se não sobrou, tinha que dar uma economizada para não gastar.

O terceiro episódio era o que tinha um argumento e um roteiro melhor. Só fui rever o filme anos depois e aí verifiquei: os dois primeiros episódios são muito fracos. Mas então começou o terceiro episódio e eu gostei, apesar de ser tecnicamente muito pobre; o que dá ao episódio um tom de cinema *underground*. Me identifico muito mais com os cineastas marginais do que com Glauber Rocha. E o terceiro episódio é totalmente *underground*, inclusive com negativo mal-exposto, acabou ficando mais interessante. Esse episódio, quando revi em 1989, me pareceu que ainda vale a pena ser visto.

O filme foi lançado em março de 1982. Antes tive que enfrentar a censura. A censura mandou uma lista enorme de coisas que tinham que ser cortadas para o filme ser liberado e que deixava o filme completamente sem nexo e com menos de uma hora. Era o mesmo que engavetar o filme.

A minha sorte é que eu tinha um tio deputado que mexeu os pauzinhos em Brasília e o filme foi liberado nove meses depois por um Conselho Superior de Censura. Alguém já dizia: *"Se é de Censura, como pode ser Superior?"* Meu tio se chamava Sérgio Cardoso de Almeida e já morreu. Era deputado federal, super de direita, então acho que era bem afinado com o governo da época. Depois que ele falou com o Ministro sobre o filme, mandaram liberar sem cortes. Acho que nem viram o filme.

A espera da censura foi a pior fase da minha vida. Tinha virado diretor, mas não tinha filme, não tinha emprego como assistente de direção e não tinha mais mesada do meu pai. Realmente, fiquei sem saber o que fazer, até conseguir lançar o filme.

Liberado da censura, faltava exibir o filme. O primeiro exibidor que viu o filme detestou e disse que o filme depunha contra o público por ter um personagem punheteiro. Que o público ia ficar com raiva do filme e rasgar as poltronas. O que de fato acontecia com alguns filmes. Por sorte eu era amigo de um distribuidor, que resolveu mostrar para outro exibidor apenas o cartaz e o trailer.

De repente, algum filme tinha afundado na bilheteria e havia uma semana de buraco antes do lançamento do primeiro *Mad Max*. O exibidor topou pagar as cópias como adiantamento e o meu produtor, que a essa altura estava desanimado de ser produtor e também não tinha gostado do filme, resolveu não colocar nem anúncio no jornal. O trailer ainda não estava liberado pela censura e o filme entrou em quinze salas em São Paulo apenas com o cartaz na porta do cinema. Foi lançado desse jeito. Por sorte, naquela época, existia uma lei que não apenas obrigava os cinemas a exibir filmes brasileiros, mas obrigava também a não tirar de cartaz os filmes brasileiros quando eles estavam dando bilheteria. O filme deu mais que a média na primeira semana, aumentou na segunda e terceira e só começou a cair na quarta. Uma surpresa. Ninguém soube explicar.

Em vez de ficar com raiva do punheteiro, o público se identificava com ele e morria de rir. De repente, o azarão era um sucesso de público e obrigou o exibidor a arrumar outro circuito para o *Mad Max*.

É, dos meus filmes, o mais assistido nos cinemas. Na última semana de validade do certificado de censura, em 1987, cinco anos depois, ainda estava em cartaz num cineminha pulgueiro no Anhangabaú e fui lá assistir. A cópia estava razoável. Fui até o gerente do cinema e disse que no final da semana ia pegar a cópia para guardar. A única cópia que existe do filme. Os negativos estão na Cinemateca, mas a única cópia que sobrou foi essa. Muitas cópias sumiram, porque iam parar no Paraguai. E, por incrível que pareça, apesar do sucesso do filme, não pintou nenhuma proposta para dirigir outro filme. *As Taras* não teve uma linha na imprensa. Não saiu uma crítica. Nada, nada, nada. Então, como para compensar, em 1983 ganhei uma Menção Honrosa da APCA (Associação Paulista dos Críticos de Arte).

Fiquei sabendo, depois, qual foi a história do prêmio. Quem tinha descolado o prêmio para mim fora o Rubem Biáfora, porque aconteceu o seguinte: morreu a Lola Brah e *As Taras* foi seu último trabalho. O Biáfora ficou intrigado com o sucesso de público do filme. Foi ver a Lola e gostou do filme. Mas já estava na penúltima semana em cartaz e não tinha sentido escrever uma crítica; então insistiu com os demais críticos nessa Menção Honrosa, que acabou sendo muito importante para mim. Apesar de não terem gostado muito do filme, a minha família ficou muito satisfeita com esse prêmio. Era só uma menção honrosa, mas, para uma pornochanchada, era quase como um Oscar.

Capítulo VIII

A Flor do Meu Desejo

Depois do sucesso de *As Taras*, achei que a Spectrus ia querer enfim produzir o filme sério e levei o roteiro do *Flor do Desejo*, que na época ainda se chamava *Os Outros Que Se Danem*. Mas tinham gostado tanto do gosto do sucesso que queriam mesmo era produzir outra pornochanchada.

Para fazer o *Flor do Desejo* abri a Star Filmes. Alguns me criticam por haver colocado um nome em inglês na minha produtora, mas o fazem porque não sabem que se trata de uma homenagem e de uma dica sobre o tipo de filmes que gosto de fazer. Chamava-se Star Film a primeira produtora da história do cinema, fundada na França, no final do século XIX, por Georges Méliès.

Convenci meu pai a me arrumar grana para a produção. Ele disse que ia arrumar o dinheiro para provar que eu estava errado: *"Vou emprestar para você não dizer um dia que eu nunca te ajudei. Mas acho isso uma fria e você vai perder esse dinheiro"*. O que de fato aconteceu, infelizmente. Mas não era para ele me dar todo o dinheiro do filme, era apenas para me emprestar uma parte, para que eu pudesse me habilitar a concorrer a um financiamento da Embrafilme.

Isso foi uma grande sacanagem da Embrafilme: fizeram um concurso e selecionaram 30 roteiros. Por algum motivo, assinaram contrato só com 28. Então pedi uma reunião com o diretor da Embrafilme, Roberto Parreira, para saber o motivo de não quererem assinar comigo. O Parreira foi muito objetivo e disse que eu não tinha competência para fazer aquele filme: *"Você devia fazer curtas-metragens primeiro. Se concorrer a curtas-metragens, a Embrafilme financia"*. Eu disse: *"Escuta, acabei de fazer um longa que está fazendo sucesso nas bilheterias"*. E ele disse que pornochanchada não era considerada filme pela Embrafilme, que o roteiro que eu tinha apresentado era muito pretensioso e eu não teria competência para dirigir esse roteiro.

Até concordo que era mesmo pretensioso. Mas se eu tinha escrito o roteiro, como que não seria capaz de dirigi-lo? E nem estava pedindo toda a grana. Meu pai entrava com 60% e eles davam 40%. Fiquei furioso e resolvi fazer o filme de qualquer jeito com os 60% do meu pai. Foi uma péssima idéia. Estraguei o filme, de certa forma, tentando fazer com um orçamento inferior, mas aprendi com a experiência. Hoje, jamais faria de novo um filme com 60% da grana.

Ainda por cima tive um problema sério com a Sandra Bréa, que contratei para o papel principal. Foi impossível filmar com ela. Filmei dez dias com a Sandra e troquei pela Imara Reis. A Sandra vivia totalmente drogada. Cheirava a noite toda. Sabe quando a pessoa pula o muro? Depois que se pula o muro das drogas não há caminho de volta. Ela era indirigível. Quando eu tentava dirigi-la, dizia: "*Você vai ver na tela. Já fiz 23 longas*". E quando nós víamos na tela, ela estava péssima e aí ela dizia que era culpa do fotógrafo. Dizia que o fotógrafo era ruim e não sabia fotografá-la. Ela é que estava péssima, uma tremenda canastrona. Eu fui ficando desesperado. Foi o último dos 23 longas da Sandra. Depois disso ela nunca mais fez outro. Roguei uma praga. Disse a ela: "*Nos próximos dez anos, se souber que você vai fazer um filme, ligo para o diretor e conto o que você aprontou comigo*". Falei sério mesmo. Mas nem precisei ligar. Minha praga pegou mais do que estava previsto; era uma praga só por dez anos.

Já conhecia a Imara Reis. Fiquei só uns dois dias sem filmar e comecei a refilmar tudo com a

Imara Reis em Flor do Desejo

Imara, secretamente, porque tinha que desfazer o contrato com a Sandra Bréa, senão ela podia me processar por quebra de contrato. Só percebi o quanto a Imara estava bem no papel na hora em que o filme foi montado. Durante a filmagem, a equipe toda ficou muito brochada com a história da mudança.

Caíque Ferreira e Imara Reis em Flor do Desejo

A saída da Sandra foi um negócio traumático. Todo mundo achava que eu tinha mudado para uma atriz que não era uma estrela, que não tinha nada a ver e ia destruir o filme. Isso se revelou falso depois. Talvez, em relação à bilheteria fosse verdadeiro, mas não em relação ao cinema.

Com vários problemas de produção e o prejuízo da Sandra, acabei não filmando muita coisa, acabou o dinheiro, algumas seqüências nunca foram rodadas. E isso, de certa maneira, estragou muito o personagem do Caíque Ferreira. As melhores seqüências do personagem dele eram justamente os 15 minutos finais, que nunca rodamos, no qual ele deixa de ser bobão e vira homem. Mas durante a filmagem parecia que o Caíque estava muito melhor do que a Imara. Depois de tudo montado ela é que brilhou.

No fundo, o *Flor* era o meu primeiro longa. *As Taras* era em episódios. E, realmente, quando se faz o primeiro longa, você quer colocar tudo nele, sem perceber. Mas foi de propósito que dirigi cada cena com um clima diferente.

A Imara ficava muito preocupada porque achava que eu mudava muito o clima e sua interpretação e os espectadores não iam conseguir acompanhar seu personagem. Para se ter idéia, a Imara usa um brinco o filme todo, um brinco grande e dourado; é a única coisa que ela usa o filme todo. Ela falou para mim: *"Em uma cena você me dirige de um jeito, em outra cena me dirige de outro. As pessoas não vão saber que sou sempre eu que estou em cena. Vou usar esse brinco porque pelo menos as pessoas vão saber que é a Imara, por causa do brinco"*. Ela estava enganada, mas eu mesmo não tinha muita certeza.

A Imara é uma atriz muito dirigível, muito técnica, que se deixa dirigir e aproveita tudo que você diz. Realmente, se você prestar atenção no filme, ela é muito diferente de cena para cena. O resultado foi que o personagem dela ficou muito mais rico e cheio de nuanças, enquanto o do Caíque ficou um pouco bidimensional. Uso até hoje essa técnica nos meus outros filmes. Isso tem uma lógica.

Caíque Ferreira e Imara Reis em Flor do Desejo

As pessoas no dia-a-dia mudam de acordo com as circunstâncias. Eu, conversando com uma pessoa, no meu escritório, sou de um jeito. Se estivesse num restaurante ou em casa, seria diferente. Numa festa seria outro, e assim por diante. Então os personagens também mudam. É a estória, o argumento, que tem que amarrar bem o filme.

O personagem do Caíque ficou mais fraco porque não houve a grande mudança que eu tinha deixado para o final. Já o personagem da Imara ficou mais complexo. Eu mudava o ritmo das cenas porque, no fundo, estava querendo brincar com o cinema, queria fazer uma cena diferente da outra, queria experimentar como era fazer vários climas num mesmo filme.

Geralmente as idéias ficam muitos anos na minha cabeça, tenho vários filmes rodando na minha cabeça, até que um dia acho que a estória já está com começo, meio e fim totalmente estruturado; aí sento para escrever. Não sou muito de anotar, de ficar rascunhando, tenho preguiça de escrever. Geralmente isso acontece quando tem um concurso, uma data, alguma coisa precisa, uma pressão externa. A idéia fica na minha cabeça até surgir essa pressão; então eu sento e escrevo.

Antes de fazer o *Flor*, já tinha vontade de fazer *A Hora Mágica*. Já tinha até escrito o primeiro tratamento do roteiro, só que ninguém tinha gostado. E tinham razão, porque, realmente, esse primeiro tratamento não era muito bom.

Era a partir do conto *Troca de Luzes*, do escritor argentino Julio Cortázar. Só que na primeira versão, eu juntava com o livro *Encarnação*, de José de Alencar. Isso acabou sumindo na versão final. Ninguém gostou, na época, e além disso era um filme caro, de época. Mas eu esperava que *Flor do Desejo* fizesse muito sucesso e me permitisse filmar *A Hora Mágica*. De fato, quando o *Flor do Desejo* ficou pronto, todos que viram acharam que ia ser um estouro de bilheteria porque ainda era uma pornochanchada, mas com um pouco mais de substância, mas na época do lançamento os filmes de sexo explícito já tinham tomado o mercado e o meu filme estava em cima do muro. Nem era pornô e nem era Embrafilme. Ficou no limbo e foi um fracasso nas bilheterias. Menos em Brasília, onde lancei logo após participar do Festival e no Nordeste, onde o Luiz Severiano Ribeiro distribuiu e conseguiu, não sei como, alguma bilheteria.

Capítulo IX

Em Busca de uma Dama

Depois do fracasso do *Flor do Desejo* fiquei muito deprimido. Não sabia o que fazer. Botei o roteiro de *A Hora Mágica* na gaveta e resolvi escrever um roteiro sem compromisso, para passar o tempo, alguma coisa que me distraísse, sem nenhuma intenção de realmente filmar.

Comecei a escrever o roteiro de *A Dama do Cine Shanghai* sem ter, ao contrário do que em geral acontecia, uma idéia muito clara do que ia escrever. Minha única idéia era de retrabalhar de forma mais viável economicamente algumas idéias do roteiro de *A Hora Mágica*. Assim, *A Dama do Cine Shanghai* foi feito em cima do trabalho que eu vinha desenvolvendo para *A Hora Mágica*, o mesmo ambiente, o mesmo clima, até os cenários, originalmente, eram muito parecidos. Como já tinha escrito *A Hora Mágica*,

A DAMA DO CINE SHANGHAI

usei muitas das idéias da *Dama*, só que com uma estória diferente.

A tal ponto que, depois, quando fui filmar *A Hora Mágica* tive de modificar muita coisa para não ficar repetitivo. A diferença básica entre os roteiros de *A Hora Mágica* e *A Dama do Cine Shanghai* é que na *Hora Mágica* os detalhes são muito específicos. Era um filme que sempre esteve na minha cabeça, muito desenhado, muito pronto; não havia duas maneiras de filmar o mesmo plano. E na *Dama do Cine Shanghai* tudo podia ser improvisado. Como de fato foi.

Mas de novo ninguém gostou do roteiro de *A Dama do Cine Shanghai*, quando ficou pronto. Meus amigos que leram o roteiro, todos acharam que o filme era pura masturbação de

Maitê Proença em A Dama do Cine Shanghai

cinéfilo. Não fiquei chateado com isso, porque tinha escrito o roteiro sem pensar que um dia ia realmente fazer o filme.

Era um filme que não se encaixava em nada da cinematografia brasileira. Aí aconteceu o seguinte: no Festival de Caxambu, onde o *Flor do Desejo* ganhou o prêmio de melhor direção, o Parreira, que ainda era presidente da Embrafilme, me procurou como que para pedir desculpas e dizer que era para procurá-lo com um novo projeto. Pensei em apresentar *A Hora Mágica*, mas achava que era muito caro e pensei: não estou com essa bola toda e é melhor não desperdiçar esta chance. A Embrafilme com certeza estava esperando algo na linha do *Flor do Desejo* e não um filme de época completamente labiríntico. *A Hora Mágica* com certeza não teria chance.

Naquela época eu tinha um argumento sobre um velho diretor de cinema chamado *O Caçador de Crepúsculos*, mas me sentia pouco amadurecido para escrever o roteiro. E através do Marcelo Durst, que era estudante na ECA, eu tinha conhecido o pai dele, o grande roteirista Walter George Durst. Eu queria que o Walter escrevesse o roteiro, mas não tinha nenhum dinheiro para isso.

Um parêntese: desde quando comecei no cinema, e até hoje, me sinto muito mais diretor de cinema do que roteirista. Gostaria que viessem os roteiros prontos só para eu dirigir. Acho que seria melhor diretor com o roteiro de uma outra pessoa, com uma visão diferente, do que dos meus próprios roteiros. Sou obrigado a escrever meus próprios roteiros por não encontrar quem escreva para mim. Claro que, a cada filme que faço, isso fica mais difícil, porque hoje já não me interesso em dirigir qualquer roteiro. Já me ofereceram alguns roteiros para dirigir que, apesar de terem excelentes qualidades dramáticas, não tinham nada a ver comigo. Um filme significa três ou quatro anos de minha vida e não me interesso mais em trabalhar em algo que não toque o meu coração profundamente. Não basta ser um bom roteiro. Mas ainda acho que deve ser muito mais saudável dirigir um filme cujo roteiro tenha sido escrito por outro. Fica uma coisa meio maluca você escrever aquilo que já sabe como é que vai filmar. Um dos cineastas mais autorais do mundo, o Fellini, sempre escreveu seus roteiros com a parceria de roteiristas profissionais e isso não o deixou menos felliniano.

Então a Embrafilme queria que eu apresentasse um roteiro. O Parreira estava arrependido pelo episódio do *Flor do Desejo* e certamente iria aprovar meu novo projeto. Só que nesse meio tempo mudou a diretoria na empresa. Saiu o Parreira e entrou o Carlos Augusto Calil. Com a mudança, tudo voltava a ser incerto. O Calil mudou as regras do negócio. Não era mais uma equipe da Embrafilme que analisava os roteiros. Começaram a contratar uns consultores anônimos, de fora. Os consultores mandavam um parecer, de uma página, para eles decidirem se o filme interessava ou não.

Resolvi mandar o roteiro de *A Dama do Cine Shanghai*. Imaginei que iam detestar o roteiro e então eu proporia que a Embrafilme me adiantasse um dinheiro para contratar o Walter George Dürst para escrever *O Caçador de Crepúsculos*. Foi uma total surpresa quando me mandaram uma cópia do parecer anônimo.

A Dama, para quem já viu, não tem nada de parecido com os filmes que a Embrafilme costumava produzir. Não tinha nenhuma sintonia com o que estava sendo produzido naquele momento no cinema brasileiro, mas o parecerista anônimo não só gostou e entendeu o espírito do roteiro, como escreveu um parecer que era quase uma introdução ao roteiro. Ele mastigou a idéia do roteiro e explicou tudo, melhor do que no próprio roteiro. Eu não seria capaz de escrever uma introdução tão boa. De forma que qualquer pessoa que lia o parecer antes, lia o meu roteiro de forma diferente. E, além do mais, deu nota 10 para o roteiro. E nenhum outro roteiro tinha ganhado nota 10. Então, não tinham como recusar o roteiro que tirou nota 10. Isso, independente de acharem ou não estranho.

Mas, depois de assinar o contrato, acabei escrevendo uma nova versão do roteiro. Porque vi que o roteiro não estava realmente filmável. De repente, surgia a realidade de filmar, e o orçamento não era tudo que eu queria, naquela época. Os patamares para os filmes em São Paulo eram de US$ 400 mil e os dos filmes do Rio eram de US$ 600 mil. Tive que brigar quando gastei US$ 50 mil a mais.

Apesar da Embrafilme ter gostado do roteiro, ainda mantinham um certo pé atrás com a Boca do Lixo. Para isso contei com a enorme colaboração da Assunção Hernandes, que sabia como trabalhar com a Embrafilme; sabia a forma de se conseguir filmar sem atrito, para que tudo rolasse direitinho.

Fiquei amigo da Assunção Hernandes por um motivo incomum: a pontualidade. Assunção e eu éramos os únicos cineastas que chegavam no horário para as reuniões da APACI - Associação Paulista dos Cineastas – e assim tínhamos sempre uns 30 minutos de papo antes das reuniões.

Ela pediu para ler o meu roteiro e logo achei que ela estava interessada em produzir o filme. Depois do filme pronto ela me disse que de fato estava interessada apenas em ler o roteiro, mas que eu tinha sido tão entusiasmado com a idéia dela produzir o filme que foi deixando rolar e rolou. Tudo foi razoavelmente tranqüilo com a Embrafilme, a não ser sobre a Maitê Proença, porque eles queriam outra atriz. Não disseram diretamente que não queriam a Maitê, mas passaram a sugerir vários outros nomes em moda na época.

A Maitê ainda tinha pouca experiência em cinema. Era conhecida, tinha feito a novela *Dona Beija*, na TV Manchete, mas havia outras atrizes que tinham um espaço de cinema. Atrizes de bilheteria de cinema. A Maitê era atriz de TV. Já havia participado de outros filmes, mas nenhum que tivesse feito sucesso. Foi a única restrição que a Embrafilme fez, mas eu não topei discutir. De resto, até não foi um filme difícil de fazer.

Assinamos o contrato, mas tive que esperar a Assunção acabar *O País dos Tenentes* e então tive bastante tempo para planejar. Todo o relacionamento com a Embrafilme, nessa fase, foi muito bom. Fui muito bem tratado. Houve só a discussão dos US$ 50 mil a mais, que foi resolvida numa única reunião. Não sei por que eles

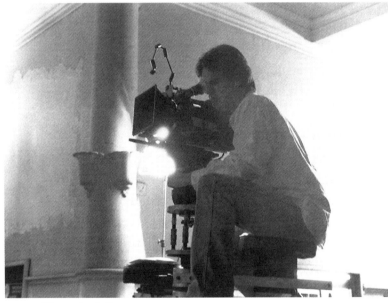

Filmando A Dama...

achavam que em São Paulo um filme tinha que ser mais barato. Quando o filme estava quase pronto, mudou de novo a diretoria da Embrafilme. Aliás, o grande problema da Embrafilme era essa mudança constante de diretoria.

Como *A Dama do Cine Shanghai* era um filme *noir*, a Embrafilme queria que fosse filmado em preto-e-branco. Era meu primeiro filme com a

Maitê Proença

Embrafilme, e eu tinha muito medo de dizer não. Eu não tinha essa certeza, mas acho que desde o início preferia que fosse colorido, mas não quis discutir e acertamos que eu filmaria em cores e depois as cópias poderiam ser em preto-e-branco.

Mas ao mesmo tempo comecei a pensar que não fazia o menor sentido lançar o filme em preto-

Dirigindo Maitê Proença e Paulo Villaça

e-branco. Iria piorar o filme. Havia o perigo de ficar ridículo. O fato de ser colorido é que dá o diferencial, porque moderniza o *noir*. Por isso, na filmagem, procurei usar cores bastante quentes e exagerar no colorido, quase como que para garantir que depois o filme não pudesse ser lançado em preto-e-branco.

José Lewgoy em A Dama...

Em janeiro de 1988 o filme estava pronto. E então voltou a questão: onde se encaixa esse filme?

A Embrafilme queria lançar numa única sala do Belas Artes. Achava que era um filme para cinéfilos, que podia ficar seis meses em cartaz nesta única sala. Ficaram foi seis meses sem saber o que fazer com o filme. Foi quando veio o Festival de Gramado e o filme entrou na competição.

Dirigindo Antonio Fagundes e José Mayer

Não estava nem um pouco confiante e achava difícil o filme emplacar.

Já tinha a experiência do *Flor do Desejo*, que passou em Gramado e não ganhou nada. Havia no Festival filmes como *Feliz Ano Velho*, do Roberto Gervitz, *Eternamente Pagu*, da Norma Bengell, *Dedé Mamata*, de Rodolfo Brandão, que era o favorito, pelo menos da claque do Rio de Janeiro, entre outros.

Antonio Fagundes em A Dama...

Eram dez concorrentes ao todo. O meu foi o último a ser exibido, na sexta-feira à noite.

O pessoal da área de cinema já me conhecia, mas fora desse círculo ninguém sabia quem eu era. E como o meu filme ainda passava no final, não estava cotado para nada. Soube depois que o júri tinha até se reunido e decidido os prêmios antes da sessão do meu filme.

Dirigindo Jorge Dória

Meu filme não era do tipo que as pessoas fiquem emocionadas, como *Feliz Ano Velho*, ou que as pessoas aplaudiram em cena aberta, como aconteceu com o *Dedé Mamata*. A sessão do *Dama* foi gelada, com aplausos muito contidos.

A Assunção achava que a crítica ia gostar, mas na saída do cinema falou com alguns críticos e

Maitê Proença em A Dama...

todos torceram o nariz. Ainda brinquei com a Assunção: *"Quem sabe o público goste?"*

Por isso achei que ela estava brincando comigo quando me acordou na manhã seguinte dizendo que o filme tinha ganho o prêmio da crítica. O Edmar Pereira depois disse que realmente tinha saído do cinema com a impressão de que não tinha gostado, mas que tinha acordado no dia seguinte para a reunião dos críticos com outra impressão.

Isso acontece com todos os meus filmes, até com o *Glaura*, que é um curta.

Meus filmes são sempre melhores quando se vê uma segunda vez. Queria colocar isso no cartaz de *A Hora Mágica*: "*Um filme para se ver duas vezes*", mas a Riofilme, que distribuiu o filme, disse que ninguém iria assistir um filme que tinha que ser visto duas vezes. Ainda acho que estavam enganados. Claro que, do ponto de vista comercial, só se assiste um filme uma única vez. Mas me arrependi de não ter insistido com a Riofilme, porque, realmente, na *A Hora Mágica* todo mundo que assistiu uma segunda vez veio me dizer que gostou mais do filme da segunda vez do que na primeira.

A única explicação que consigo achar para isso é que, no fundo, faço os filmes parecidos com os filmes que gosto. Os filmes que mais gosto são aqueles que posso rever e gostar cada vez mais. Existem muitos filmes que adoro da primeira vez, mas que me decepcionam na segunda. Existem filmes que eu até não gostei da primeira vez, como aconteceu com *Cidadão Kane* e *2001: Uma Odisséia no Espaço*, que achei confusos e sem sentido, mas os filmes ficaram batendo tanto na minha cabeça que fui assistir uma segunda vez e comecei a gostar mais e mais e, em alguns casos, já assisti mais de vinte vezes, sempre com um prazer crescente.

Os meus roteiros são muito claros de se ler. É na filmagem que eu começo, de certa forma, a esconder a clareza do roteiro. Quando escrevo o roteiro, tudo é muito objetivo. Quando vou filmar, parece que fico com raiva, com vergonha da objetividade, e começo a escamotear a clareza do roteiro. Tudo fica meio enigmático. Só numa segunda leitura que se consegue realmente apreender a idéia. Existem sempre pelo menos dois filmes acontecendo ao mesmo tempo. Um com a estória e outro com o subtexto. Não gosto de filmar de maneira óbvia, quero filmar de maneira mais confusa, que dê dupla leitura. O filme não nasce na tela, mas nos olhos do espectador.

A Dama do Cine Shanghai ainda tinha uma primeira leitura boa de filme policial que garantiu o sucesso de público. Mas acho o filme melhor na segunda leitura, muito mais divertido. Quem for ver de novo vai ver outro filme. Sou mais preocupado com essa segunda leitura, que é a leitura que curto mais.

Mas, voltando a Gramado, o filme ganhou o prêmio da crítica e, depois, para minha surpresa total, também ganhou os principais prêmios do júri oficial. Hoje os prêmios da crítica quase sempre coincidem com o júri oficial; a crítica anda mais sintonizada com o público geral, mais preocupada em ser popular, mas na época ainda era muito raro os dois prêmios coincidirem.

Para mim foi uma surpresa enorme, realmente. Eu estava esperando ganhar alguma coisa, fotografia talvez, mas o Kikito de melhor filme nem me passava pela cabeça. Ganhei seis, sete incluindo o da crítica. Os prêmios foram: melhor filme, diretor, fotografia (José Roberto Eliezer e Cláudio Portioli), música original (Hermelino Neder), cenografia (Chico de Andrade), montagem (Jair Garcia Duarte) e crítica.

A Embrafilme mudou radicalmente a idéia do lançamento. Esqueceu o preto-e-branco e lançou como um filme comercial, eliminando qualquer coisa de cinéfilo. Pôs a ênfase na idéia de filme policial, de ação e suspense. E deu certo.

Foi meu filme de maior sucesso. Nos cinemas brasileiros deu menos espectadores do que *As Taras*, mas *A Dama* foi vendido para o mundo inteiro. Passou várias vezes na televisão e até hoje é programado pelas emissoras. Nunca tive um filme com tanta divulgação quanto *A Dama*. Mas, apesar de tudo isso, não é o filme de que gosto mais. Meu preferido é *A Hora Mágica*. É meu filme mais maduro, mais parecido comigo, onde minha intuição estava mais amadurecida. *A Dama* é um filme um pouco juvenil. Gosto, mas ainda assim é um filme ainda meio ingênuo, muito intuitivo, mas sem um objetivo. As pessoas têm uma visão sobre mim que é meio equivocada: a de que sou muito planejado, muito cerebral. No entanto, tem um grau de intuição muito grande no meu trabalho.

As melhores coisas que faço é quando deixo a minha intuição dirigir. Geralmente não gosto daquilo que dirijo muito cerebralmente. Quando fica pronto, tenho a impressão de que não saiu como eu tinha pretendido. Fico com a impressão de que, naquela hora, minha intuição estava me mandando fazer diferente, mas, seja porque estava cansado ou porque fiquei com medo de não dar tempo de filmar tudo, acabei indo noutra direção. Talvez seja por isso que não

gosto muito de Hitchcock; é tão cerebral e construído, que chega a ser previsível.

Prefiro Welles. Falaram muito da influência de Orson Welles no *A Dama do Cine Shanghai*. É um diretor de quem assisti quase tudo e sei que trabalhava muito com a intuição, mas quando escrevi o roteiro não tinha Welles em mente. O título é uma associação direta com *A Dama de Shanghai*, do Welles, mas o título veio depois do roteiro pronto. Talvez até o filme fosse diferente se tivesse pensado no título antes. O título veio quando terminei de escrever o roteiro, porque na cena final aparece a frente de um cinema. Fiquei imaginando como seria o nome do cinema.

Eu pretendia filmar, como de fato filmei, a frente do cinema no Cine Cairo, que ficava na Av. São João. Só que o título não podia ser *A Dama do Cine Cairo*, porque seria uma referência muito óbvia com *A Rosa Púrpura do Cairo*. Então me veio a idéia de chamar de Cine Shanghai e daí nasceu o título: *A Dama do Cine Shanghai*. Houve quem dissesse que a única coisa boa do roteiro era o título.

Depois que o título ficou decidido, até acrescentei no roteiro alguma relação mais explícita com *A Dama de Shanghai*, que até aquele momento eu só tinha assistido uma única vez, na televisão.

Então, muita coisa que coloquei foi um pouco de uma memória um pouco apagada do filme. Só fui rever *A Dama de Shanghai* durante as filmagens da *A Dama do Cine Shanghai*, numa cópia VHS emprestada, para escolher uma cena que coloquei num televisor que está ligado num bar.

Mas reconheço que, em ambos os filmes, existe esse prazer de cinema como uma brincadeira, um jogo. Quando escrevi o roteiro da *A Dama do Cine Shanghai*, não tinha a idéia completa da história, mas me lembro de uma coisa que foi muito forte no roteiro, que era a idéia de sempre prender o espectador. Mesmo sem ter um objetivo claro, no final de todas as seqüências fica sempre uma dúvida, um gancho para a seqüência seguinte. Outra idéia que experimentei foi a de sempre estar lembrando ao espectador que ele está assistindo a um filme e não à realidade (uma óbvia influência dos filmes do Godard) e, ao mesmo tempo, criar uma trama que seduza o espectador a entrar no filme. Assim o espectador tem que se esforçar para entrar na estória e acaba entrando de uma maneira mais efetiva e forte. O roteiro todo foi escrito com essas três chaves. E tem muito, como no próprio *A Dama de Shanghai*, o clima de *noir*, a história toda não tem um sentido, não existe uma idéia muito clara da totalidade, mas todo o filme é muito bem amarrado, mantendo sempre o espectador curioso para ver o que vem a seguir.

O mistério é para mim um dos ingredientes básicos de uma obra de arte. A diferença entre a Mona Lisa e outros retratos pintados na mesma época é o mistério indecifrável do seu sorriso. Por isso gosto de estórias de suspense e mistério. Mas, em *A Dama*, quis fazer um filme que levasse em consideração que o espectador não está indo ao cinema pela primeira vez, mas traz de casa (e de outros filmes) um punhado de idéias pré-concebidas; os chamados clichês dramáticos que todos nós trazemos no nosso subconsciente. A surpresa está em subverter esses clichês e o mistério está nesta surpresa. Não estamos mais no tempo que o espectador se assustava com um trem chegando numa estação. O passado existe. Acho que toda a arte é ao mesmo tempo prisioneira de convenções e sobrevive de quebrar essas mesmas convenções. Criar já é em si e ao mesmo tempo quebrar e criar novas convenções. Os clichês são uma forma de convenção que resume, simplifica e transforma num ícone de fácil acesso a todo público as convenções do nosso cotidiano. O cinema sempre viveu de reciclar e renovar velhas idéias. Não acho que as citações só funcionem para os iniciados. O importante é a idéia. Os autores passam, as idéias ficam. Me proponho a fazer cinema não apenas sobre cinema, mas principalmente de cinema. Ao invés de tentar fazer o espectador fingir que não está vendo um filme, eu insisto em chamar a atenção de que ele está sim vendo um filme. E que o prazer e a emoção devem sair de estar participando deste jogo onde a ilusão e o real são as peças e o tabuleiro é sua própria cabeça.

O encanto da estória está no jogo, no prazer lúcido de jogar. O jogo tem sempre uma lógica, mas jogar é intuitivo. Todo jogo, se por um lado tem um aspecto muito cerebral, tem outro que é completamente aleatório, de como você embaralhar as cartas. E *A Dama* trabalha muito com esse elemento de embaralhar o filme. Na realidade, você embaralha uma estória e depois cria uma lógica daquela estória, conforme dá as cartas. A estória toda do filme trabalha sobre a lógica de como eu mostro as cartas, mas o espectador tem que fazer uma seqüência, tem que seguir os naipes, mesmo estando as cartas embaralhadas. *A Dama* era muito em cima disso, como o filme do Welles e a grande maioria dos melhores filmes *noir*.

A discussão sobre o filme *noir* é interessante. Conta-se que o produtor Jack Warner, dono da Warner Brothers, era muito pão-duro, e mandava economizar luz. Assim se criou a estética do filme *noir*, usando o mínimo de refletores e deixando os cenários escuros. Quando comecei a fazer cinema na Boca do Lixo a questão do orçamento sempre foi um problema. Lá aprendi como enfrentar o orçamento, como trabalhar com aquilo que você tem, que é sempre muito menos do que o que você gostaria de ter.

Muitos acham que gosto de fazer filmes *noir*, mas eu também gostaria de filmar épicos, gostaria de fazer filmes de época, filmes de ação, de aventura, até faroestes. Faço filmes *noir* porque é o gênero mais barato. Mais barato até que os filmes de terror, que sempre exigem algum efeito especial. No filme *noir* é só deixar escuro e torcer para que o público imagine o que está na escuridão. Mas espero que isso mude logo, com a ajuda da tecnologia.

No século XXI vai ser um computador na mão e uma idéia na cabeça. O dia em que eu tiver esse computador na mão, vou poder fazer filmes antes impensáveis. Eu adoro, por exemplo, e já li tudo a respeito da conquista do México. Aquele contato da civilização européia, que se achava superior, com uma civilização que, na realidade, tinha um desenvolvimento muito superior, mas completamente diferente da Europa. Adoraria fazer um filme sobre Montezuma e Cortez. Tem uma dimensão shakesperiana. Mas é uma coisa para eu pensar quando estou deitado na rede, sem fazer nada. Porque é um filme que não vou fazer, porque não tenho os meios, os recursos financeiros.

Conclusão: acabo fazendo filmes urbanos porque são mais baratos. E desses, os filmes policiais são ainda mais baratos. Até no *A Dama do Cine Shanghai*, quando tinha alguma coisa que não dava para enquadrar, eu deixava no escuro. Filmava quase sempre à noite, quando se tem um controle maior da luz. Acabei fazendo filmes policiais porque é uma vertente mais viável com minhas possibilidades econômicas.

Há outra coisa que me interessa no filme *noir*. São filmes em que você conta a história não necessariamente mostrando as coisas. *A Dama do Cine Shanghai*, embora tenha sido vendido como um filme de ação, se você prestar atenção, vai ver que não acontece nada visualmente. Não tem um tiro, não tem efeitos, ninguém morre em cena, e o personagem sempre chega depois que a ação aconteceu. A história inteirinha é contada no diálogo. E nunca vi ninguém criticar o filme por ser falado demais. Mas é um blá, blá, blá interminável. É um inferno fazer as legendas do filme, porque tudo tem que ser resumido.

Isso é freqüente em filmes *noir*. *O Falcão Maltês* também é todo resolvido com diálogos. É sempre alguém que fala o que aconteceu, alguém que relata. Não se vê quase nada direito; é uma sombra que passa, quando o detetive entra, já aconteceu a ação. Com certeza, é um recurso que nasceu de um problema financeiro, mesmo em Hollywood.

Na época, vários críticos que me entrevistaram sobre *A Dama do Cine Shanghai* citavam referências no meu filme de filmes *noir* que eu nunca tinha visto. Eu fazia cara de que conhecia, alguns depois até fui procurar assistir, mas quando fiz o filme ainda não tinha visto a maioria dos filmes que os críticos diziam que eu havia citado no meu filme.

O que eu tinha visto era o clichê repetido em inúmeros outros filmes que tinha assistido. Embora o Antônio Fagundes seja o narrador do filme e quem aparece mais, acho que a Maitê é quem domina *A Dama*. Os espectadores saem do cinema lembrando mais dela, apesar do Fagundes ser o protagonista e estar em praticamente todos os planos, ou de frente ou de costas.

Trabalhar com os dois foi muito instigante. A Maitê foi uma surpresa, no sentido que percebi na filmagem que ela era uma atriz que podia dar muito mais do que eu esperava e até do que ela mesma acreditava, na época, que fosse seu potencial de atriz. Acho que hoje em dia ela aprendeu a usar esse potencial, todas suas ferramentas, mas, na época, ela não tinha muita pretensão. Percebi logo que ela era capaz de render muito mais do que o previsto. Tanto que, de certa forma, me concentrei mais nela, porque tinha menos segurança nela do que no Fagundes. O Fagundes já era um nome consagrado. Não tinha como ter insegurança com ele. O Fagundes é o tipo do ator preparadérrimo. A única questão que tive com o Fagundes foi logo no começo. Ele também curte muito cinema e ficava muito ligado no lado cerebral do roteiro. Ficava querendo descobrir todas as referências, em cada diálogo, e colocar tudo na sua interpretação. Ficava curtindo demais esses detalhes. Logo nos primeiros dias, cheguei para ele e disse: *"Seu personagem é um ex-boxer burro que se apaixona por uma loira no cinema e cai numa armadilha. É só isso que você tem que saber do personagem. As referências, sou eu quem controla. Se você contar e eu também, vai ficar redundante e o espectador vai achar que o estamos chamando de burro. A segunda leitura é minha. Você é muito inteligente, mas na hora de interpretar quero que você se sinta um burro que pensa que é esperto, nada mais"*.

Mas o mais importante é que houve uma empatia muito boa entre os dois. E dá para sentir isto na tela.

Na *Dama*, a Matilde Mastrangi apareceu como secretária do Jorge Dória. Como já disse, a Matilde é a única atriz que apareceu em todos os meus filmes. Já contei como ela entrou em *As Taras de Todos Nós*. Depois, no *Flor do Desejo* foi uma história diferente. A Matilde faz um papel pequeno que foi totalmente improvisado em cena. Esse papel não estava no roteiro. Tinha acabado a grana e eu não tinha rodado o final do filme. Então, peguei uma câmera e rodei algumas seqüências para poder montar um final improvisado. Fiz uma seqüência com a Matilde que eu mesmo filmei, mas antes mesmo de começar a filmar o *Flor do Desejo*, a Matilde tinha me ligado e dito: *"Fiz seu primeiro filme, não vou fazer o segundo?"* Eu disse: *"Mas não tenho nenhum papel para você"*. Nesse mesmo dia, fui à pré-estréia de um filme do David Cardoso. A Matilde, nessa época, tinha desistido de ser atriz na Boca por causa dos filmes de sexo explícito, mas queria trabalhar no meu filme. Encontrei o David Cardoso e ele comentou comigo que estava com um projeto novo, queria a Matilde, mas ela não queria fazer o filme de jeito nenhum. Imagina se eu dissesse ao David que a Matilde tinha me ligado na véspera dizendo que queria fazer qualquer papel no meu filme e eu tinha dito a ela que não tinha nenhum.

Então, quando o filme ficou sem dinheiro e precisei improvisar um final, lembrei da Matilde e a convidei para fazer uma pontinha. Quando fui fazer *A Dama do Cine Shanghai*, ela me ligou de novo, dizendo: *"Já fiz os dois primeiros, agora não vou trabalhar no terceiro?"* Eu disse: *"Matilde, já combinei com a Imara Reis e ela vai fazer todos os personagens femininos"*. De fato, tirando a Maitê, todos os personagens femininos do filme foram feitos pela Imara.

Tinha até uma lógica interna para a Imara fazer todos os personagens. No roteiro dava para entender por que ela aparecia em vários lugares. Mas havia uma seqüência, no escritório do Dória, que não tinha lógica, então resolvi chamar a Matilde para fazer uma secretária com um único diálogo. Aí, prometi para ela: *"No próximo filme escrevo um papel só para você, coisa que geralmente não faço para ator nenhum"*. Parece que existe uma maldição. Sempre que escrevo um papel pensando muito em algum ator, alguma coisa grave acontece, ficam doentes, a Globo chama para uma novela. O ator não pode fazer e o seu personagem acaba ficando órfão de pai e mãe.

E foi justamente o que aconteceu com a Matilde. Escrevi um papel talhado para ela no *Perfume de Gardênia*, que acabou com a Betty Faria porque a Matilde ficou grávida. A Matilde aparece no filme como a camareira da Christiane Torloni, mas é uma pontinha. O papel dela era o da Betty e até os diálogos da Betty no filme foram baseados em diálogos reais da própria Matilde.

A Matilde é uma ótima comediante. Só que durante toda a época da Boca sempre a colocaram em papéis sérios, de mulheres sofisticadas. A Matilde de fato é uma italianona do Brás muito engraçada.

No Glaura consegui colocar um pequeno trailer do que seria a Matilde no papel certo, mas era apenas um curta-metragem. Na *A Hora Mágica*, ela faz papel de uma cantora na festa de Carnaval. Me dou muito bem com a Matilde. Há muita afinidade entre nós.

Capítulo X

Da *Casa de Imagens* ao *Perfume de Gardênia*

Com o sucesso de *A Dama do Cine Shanghai* achei que agora ia poder fazer o filme que queria. Comecei a pensar que ia fazer muitos filmes, que agora ia fazer um filme atrás do outro. No Brasil, existe uma lógica perversa, que é assim: se você fizer filmes ruins, é capaz de fazer um filme a cada dois anos, um atrás do outro. Existem vários cineastas que fazem isso. Agora, ninguém perdoa o sucesso. O Tom Jobim tinha razão quando disse que *"o sucesso, no Brasil, é uma ofensa pessoal"*. Se Darwin tivesse estudado o Cinema Brasileiro e não as Ilhas Galápagos, a teoria da evolução seria ao contrário: é sempre o mais inapto que sobrevive. Para voltar a filmar, eu tinha de conquistar o direito a fazer outro filme. Não era automático. Mas naquele momento ainda não tinha essa consciência. Achava que, de cara, ia fazer dois filmes, não um.

Não só comecei com o projeto da *A Hora Mágica*, com a Assunção Hernandes, como já tinha no ano anterior escrito o roteiro de *Onde Andará Dulce Veiga?* com o Caio Fernando Abreu.

No ano em que estava finalizando *A Dama do Cine Shanghai* ainda comecei com o projeto da *Casa de Imagens*. Minha idéia era fazer dois filmes, quase simultâneos, um baratinho e o meu filme caro, aquele que eu achava que tinha o direito a fazer, que era *A Hora Mágica*.

Gostaria de falar um pouco sobre esse projeto da *Casa de Imagens*. Eu e mais cinco colegas cineastas estávamos descontentes com o rumo que o cinema brasileiro estava tomando naquele momento: com o fim abrupto do ciclo das pornochanchadas, havia desaparecido o cinema popular brasileiro e a grande maioria dos cineastas estava preferindo buscar um caminho aparentemente mais fácil das co-produções internacionais milionárias e abandonando totalmente o público e o mercado brasileiro. Nós seis nos propúnhamos a rediscutir, em seis filmes de longa-metragem, diferentes possibilidades de uma dramaturgia cinematográfica brasileira voltada para uma platéia de brasileiros e com orçamentos compatíveis com o mercado nacional.

Historicamente, a chanchada dos anos 50 se transformou na pornochanchada dos anos 70. A pornochanchada de fato não era nada mais que a chanchada com uma boa dose de mulheres peladas. Com a chegada do sexo explícito, a pornochanchada desapareceu. Nós da *Casa de Imagens* achávamos que era preciso surgir um novo cinema popular brasileiro.

Isso de fato só viria a acontecer dez anos depois através da Rede Globo, com o surgimento das globochanchadas. Chamo de globochanchada sem nenhum teor pejorativo, porque acho extremamente bem-vindo o aparecimento das globochanchadas. São elas que estão trazendo de volta o público brasileiro para os filmes brasileiros e formando uma base popular que tornam mais viáveis os filmes, digamos, "difíceis", como são os meus.

Se você voltar um pouco mais atrás, o próprio *Carlota Joaquina* é um precursor da globochanchada. Na *Casa de Imagens* não percebemos a lógica que hoje me parece clara: a chanchada dos anos 50 nasceu da Rádio Nacional. Os atores, os comediantes, todos vinham do rádio. O sucesso dos filmes se devia ao fato de que o público podia ver os comediantes e os astros musicais da Rádio Nacional. Então, nada mais óbvio que o novo cinema popular brasileiro venha a nascer na Rede Globo, a Rádio Nacional dos nossos dias.

De tudo o que sempre uniu o cinema brasileiro ao seu público, o mais importante sempre foi o humor: o ingênuo nas chanchadas, o irônico no Cinema Novo, o sarcástico no cinema marginal, o erótico nas pornochanchadas; um humor típico brasileiro. E esse humor característico, que não pode ser encontrado em outras cinematografias, foi o responsável pela maioria de nossos sucessos populares. Esse humor parece ser a única característica facilmente identificável desses sucessos. Não consigo acreditar que exista um povo que deixe de ter interesse em refletir sobre sua própria existência e o cinema sem dúvida é o melhor espelho que um povo pode encontrar.

Acontece que nos momentos em que um país parece mais "feio", e estávamos passando um momento em que isso era muito claro, existe um menor interesse em se ver no espelho do cinema nacional. Esse fenômeno pode ser verificado em inúmeros países e momentos históricos e não é uma característica do povo brasileiro. O cinema é sempre o principal espelho de um país. Sabemos muito dos países que têm um bom cinema e pouco daqueles que não o têm.

Enfim, queríamos fazer filmes diferentes, todos tentando ser populares, por vários caminhos diversos, para tentar criar uma semente do que seria o cinema popular brasileiro. Todo esse projeto era patrocinado pela Embrafilme. Éramos em seis pessoas: Julio Calasso, André Luiz de Oliveira, Inácio Araújo, Carlos Reichenbach, Andrea Tonacci e eu. Juntos desenvolvemos dezoito estórias, três cada um.

Das estórias que apresentei ao grupo apenas uma era nova e era aquela em que eu mais acreditava. Chamava-se *Cine Brasil* e era uma espécie de paródia de *O Baile,* de Ettore Scola, contando a estória dos banheiros masculino e feminino de um cinema, desde os tempos do cinema mudo até a sua transformação em uma "Igreja de Deus", num supermercado e terminava como um estacionamento. Uma proposta de estudar a influência do cinema no cotidiano das pessoas que eu aproveitei em parte no roteiro final de *Perfume de Gardênia*.

As outras duas estórias tirei da gaveta apenas para completar a minha cota de três; uma delas, o *Perfume de Gardênia*, que naquela época se chamava *O Menino que Gritava Lobo!*, cujo argumento havia começado a desenvolver nos anos 70, no Mackenzie, pensando em contar a estória de uma estrela do Cinema Novo; uma mistura de Norma

Bengell com Leila Diniz. Depois esqueci a sinopse numa gaveta até que, no início dos anos 80, um produtor da Boca do Lixo me pediu uma estória para filmar com a Helena Ramos. Então transferi o argumento para uma estrela de pornochanchada, mas mesmo assim o projeto continuou abandonado numa gaveta, de onde tirei para a *Casa de Imagens*.

Mas, para meu espanto, todos meus colegas foram unânimes em afirmar que eu deveria desenvolver a estória do *Perfume de Gardênia*. E assim escrevi o roteiro que acabou sendo o único dos seis projetos a ser filmado. Cada um dos projetos desenvolvidos pela *Casa de Imagens* procurava analisar a realidade brasileira dentro de um prisma diferente. Dentro deste projeto de pesquisa, meu projeto era o que procurava unir duas tendências fortes da dramaturgia popular brasileira: de um lado as telenovelas, numa leitura mais concisa e psicológica e, do outro, o teatro brasileiro, mais especificamente os exemplos populares de Nelson Rodrigues, Plínio Marcos e Jorge Andrade.

Com relação à linguagem da televisão existem alguns pontos a se considerar.

Sem dúvida, o grande representante da dramaturgia brasileira nos últimos anos têm sido as telenovelas. Nenhum outro gênero ficcional teve tanto respaldo popular quanto elas e não se pode deixar de refletir sobre sua dramaturgia quando se procura um cinema popular. Ninguém vai até um cinema e paga para ver algo que já tem de graça em casa, na televisão logo não adianta simplesmente copiar a dramaturgia das telenovelas. Mas o que elas têm de instigante e popular pode ser considerado e condensado em uma dramaturgia cinematográfica brasileira.

O contrário se dá com a linguagem da propaganda. Ninguém liga a televisão para assistir às propagandas, por isso acredito que os telespectadores acabam criando uma espécie de imunidade à linguagem das propagandas. Ficam de certa forma "vacinados" e não sentem mais nenhum impacto, exigindo assim a constante renovação dessa linguagem. Daí que, quando a linguagem da propaganda é aplicada ao cinema, tem-se uma impressão de superficialidade. O problema não está na linguagem, mas na maneira que o espectador "sente" essa linguagem quando banalizada em algo que ele, inconscientemente, reconhece e recusa apreender.

Pela minha formação muito eclética, tenho internamente um conflito: por um lado, talvez pela minha experiência na Boca do Lixo, tenho uma vontade louca de fazer filmes populares, mas, por outro lado, gosto de fazer filmes para mim mesmo e mais ninguém. Gosto que meu filme seja compreendido, que comunique alguma coisa, mas também não faço tanta questão assim. Então, é um problema que não sei resolver. E sinto, quando estou filmando, que essas tendências brigam o tempo todo. Não chego a ficar preocupado com isso porque, ao mesmo tempo, acho que desse conflito é que nasce tudo o que possa ser chamado de original no meu trabalho. Talvez pelo fato de ser ateu e não acreditar em vida eterna, gosto de acreditar que meus filmes possam durar algum tempo. Não eternamente, pois não acredito que nada seja eterno, mas pelo menos para que meus netos e bisnetos possam assistir e dar umas risadas. Alguém disse, li não sei aonde, que um artista tem sempre que escolher entre o poder e a eternidade. Não dá para ter os dois. Por isso que alguns artistas só são reconhecidos depois de mortos, como Kafka, Van Gogh e Jean Vigo, e outros artistas, que fazem muito sucesso em vida, depois desaparecem, perdem a importância. No cinema essa questão é crucial, pois, sem ter algum poder, como é que um cineasta vai fazer um filme? Não que esta questão me preocupe muito, mas acho que, intuitivamente, fujo dos filmes fáceis, não tenho interesse em poder, em ser conhecido ou reconhecido. Só me importa ter dinheiro para fazer meus filmes do meu jeito.

Uma vez, quando fiz uma projeção em praça pública do *A Dama do Cine Shanghai*, em Ribeirão Preto, fiquei para um bate-papo com os espectadores após a projeção. É o único tipo de conversa que eu gosto e aprendo muito sobre meus filmes nesses bate-papos. Discutíamos o fato de que o filme era um pouco difícil para uma platéia ao ar livre, despreparada para um filme confuso como *A Dama*, que exigia uma certa atenção, e um senhor levantou e disse: "*A gente não entende, mas a gente aprecia*". Percebi que estava aí uma grande verdade: arte não precisa ser entendida, tem que ser apreciada.

Hoje percebo que raramente faço o filme que quero fazer no momento que planejo fazer. Os filmes são sempre dependentes das circunstâncias. Você programa que vai fazer um filme e as circunstâncias te levam a fazer outro. *Perfume de Gardênia* não era o filme que eu pretendia fazer nem na *Casa de Imagens*.

Esse sonho de um novo cinema popular brasileiro, infelizmente, acabou sendo abortado com o Collor e a *Casa de Imagens* foi extinta juntamente com a Embrafilme, mas antes disso ganhei um concurso da Secretaria do Estado e comprei o negativo para o *Perfume de Gardênia*; uns quinze dias antes do Plano Collor congelar todo o dinheiro do país.

Zuleika Leme Walther, sua esposa

Por que não fazer o mesmo com o *Brazilian way of life?* Quanto não existe de filosofia de vida no nosso "jeitinho brasileiro"? Ou quanto essa filosofia não poderia ter interesse no panorama internacional? Mesmo quando um filme mostra a realidade crua de um país, como em *Pixote* de Hector Babenco ou *Central do Brasil* do Walter Salles, o espectador toma contato com a alma do povo retratado e cria um maior interesse em conhecer esse povo pessoalmente. O cinema tem uma penetração popular que permite uma enorme troca de almas entre os povos.

Nesse ano triste eu já estava morando com a Zuleika. Havia conhecido a Zuleika quando estava fazendo testes para a cantora que cantava a música-tema em *A Dama do Cine Shanghai*. Não achei que fosse a voz que eu estava procurando, mas foi ela quem me indicou a Neuza Pinheiro, que gravou a música. Depois que o filme ficou pronto, nos reencontramos e começamos a namorar e estamos namorando até hoje.

Também foi nesse período de desemprego que tive tempo de me sentar com o Hector Gómez

Alísio e desenhar a *graphic novel Samsara*, que se chamava *Time Square* (*Tempo Ao Quadrado*), mas o título teve que ser mudado porque a Editora Globo havia lançado uma graphic americana com o mesmo nome. O Hector pretendia transformar *A Dama do Cine Shanghai* numa *graphic novel*, mas quando foi desenhar percebeu o fato do roteiro ser todo baseado em diálogos e queria que eu adaptasse. Eu disse que não saberia como contar a estória de outra maneira. Um dia, conversando com o meu músico Hermelino Neder, estava contando por brincadeira a estória de um roteiro de ficção científica que eu tinha imaginado, com orçamento de uns US$ 50 milhões, e ele me disse: "*Isso dá uma boa estória em quadrinhos*". Liguei para o Hector e passei a mandar o roteiro página a página pelo correio, como cartas. De tempos em tempos, ia até a casa dele para ver os desenhos. Aprendi muita coisa neste processo, que usei no roteiro final do *Perfume de*

Gardênia. No roteiro que eu mandava para o Hector às vezes havia duas ou três páginas no mesmo cenário.

O Hector fazia os personagens mudarem de local. O diálogo começava na casa, saía para a rua, entrava num táxi e assim havia muito movimento. O Hector dizia que, em estória em quadrinhos, não podia haver duas páginas com desenhos parecidos. De fato isso dava uma dinâmica. No roteiro do *Perfume*, acrescentei essa dinâmica. Isso acabou facilitando a produção. Como o filme foi filmado todo em locações emprestadas de graça, era mais fácil conseguir várias locações por um único dia do que uma única locação para dois ou três dias. De graça só se agüenta uma equipe de filmagem por um dia. No segundo dia se encontra a porta trancada.

Os desenhos ficaram prontos e apresentamos para a Editora Globo, que resolveu lançar. Antes pediu que desenhássemos mais seis páginas por questões técnicas de formatação. Essa também foi uma experiência interessante. Como as um Filme Brasileiro de GUILHERME DE ALMEIDA PRADO

Perfume

Christiane Torloni

Claudio Marzo

de

José Mayer

Betty Faria

Walter Quiroz

José Lewgoy

Raul Gazolla

Gardênia

Um cheiro de mistério no ar.

páginas não podiam ser nem no início e nem no final, tive que descobrir um local entre duas páginas onde pudesse acrescentar uma espécie de episódio extra. Foi a única vez que o Hector e eu trabalhamos realmente juntos. Na fase anterior, eu mandava o roteiro do que eu achava que tomariam dez páginas e o Hector condensava tudo em duas. Outras vezes eu mandava o que pensava que seria um pequeno episódio e ele desenhava várias páginas. Enfim, eu era mais o roteirista que o diretor dos desenhos. Nessa fase final, como fiquei ao lado dele e o episódio tinha que compor exatamente seis páginas, aprendemos que juntos trabalhávamos muito melhor.

A *graphic novel* foi lançada e fez um razoável sucesso. Era a primeira *graphic novel* brasileira lançada em bancas. A Globo nos encomendou uma minissérie em cinco capítulos e eu pretendia fazer um faroeste sobre Wild Bill Hickock, mas no meio das pesquisas do roteiro a Globo fechou o departamento de quadrinhos para adultos e o projeto foi cancelado.

Naquele ano, entrei num concurso da Prefeitura com o roteiro do *Perfume de Gardênia*, e ganhei. Dava um dinheiro que era mínimo, mas acabou sendo um ponto de partida e me juntei de novo com a Assunção Hernandes para fazer o *Perfume de Gardênia*. É um filme de que gosto muito mas que adoraria poder refazer algumas partes. Se um dia for lançar em DVD, pretendo fazer uma versão recuperando algumas coisas que não pude fazer na época por falta de dinheiro. Quando começamos as filmagens tínhamos os negativos e apenas US$ 40 mil. O custo final do filme ficou entre US$ 150 e US$ 180 mil.

Hoje em dia se dá muita importância ao orçamento do filme na imprensa. Acho um hábito inútil. Devia-se discutir mais a obra do que seu custo. Ninguém jamais perguntou ao Van Gogh quanto ele gastou para comprar aqueles girassóis, nem quanto custou a tinta e a tela. Também não era nenhuma novidade pintar girassóis. Muitos já haviam pintado antes e pintariam depois. O que importa no quadro é a pincelada do Van Gogh. A pincelada é o que fez o quadro valer milhões de dólares. Do outro lado do Atlântico, Hollywood gasta milhões de dólares em superproduções que não valem um tostão. O que falta? A pincelada. Hoje, quando assisto um filme, só me interessa a pincelada. Nem a estória importa mais. *"Todas já foram contadas"*, garante Truffaut.

Perfume de Gardênia foi filmado num esquema quase que de cooperativa, embora todos tenham recebido salário. Como nos meus outros filmes, a base da estrutura dramática de *Perfume de Gardênia* procurei retirar da dramaturgia dos sonhos. No caso do *Perfume* trabalhei mais próximo da estrutura dos pesadelos. Um pouco disso se deveu à própria situação em que o filme foi realizado, logo após o desmanche do cinema brasileiro perpetrado pelo governo Collor. A proposta sempre foi fazer um filme que incomodasse um pouco o espectador em sua cadeira, mas a idéia original era fazer o filme com um tratamento mais irônico e menos negativo da realidade. Mas o momento traumático pós-Collor, com o cinema brasileiro completamente desprestigiado, acabou influenciando as filmagens e colocando um clima pesado ao filme. Não quero dizer que as pessoas que fizeram o filme estivessem de baixo astral. Nunca tive tanta colaboração; tanto do elenco como da equipe. Realmente foi um filme feito pela equipe e elenco. Mas naquele momento o Walter Salles estava fazendo *A Grande Arte*

Filmagens de Perfume de Gardênia

em inglês e um filme falado em português parecia uma coisa quase nojenta.

O dinheiro da Secretaria não era suficiente nem para as filmagens e a Assunção e eu tínhamos combinado que, como o filme tinha um pedaço que se passava 15 anos antes, íamos filmar esse pedaço e depois parar e tentar levantar mais dinheiro para rodar o resto. Não haveria problema de continuidade com os atores por causa

Nas filmagens de Perfume *com Cláudio Portioli*

da passagem de tempo. Mas não contamos nada para a equipe ou para o elenco para não influenciar as filmagens. Depois desse pedaço filmado íamos dizer que o dinheiro tinha acabado e que o filme ia parar.

Mas quando terminamos essa primeira fase, as filmagens estavam andando tão bem, todos estavam cooperando tanto que disse para a Assunção: "*Não vamos parar, vamos continuar filmando até onde der*". E por sorte deu para filmar até o fim. Colocar na lata, como se diz. Era o único filme sendo rodado no Brasil naquele momento e todos tinham uma atitude guerreira de defender o último estandarte.

Mas é um filme em que gostaria de modificar várias coisas que estão malfeitas.

Gosto muito do roteiro. Talvez seja o melhor roteiro que já escrevi. O valor do filme vem daí, e também da equipe e do elenco, que deu o que podia, dentro daquelas condições. Demorou mais de um ano para finalizar o filme, por falta de dinheiro. Quando ficou pronto, fomos exibi-lo no Festival de Gramado.

Eu achava que o fato de estar levantando uma bandeira e mostrando um filme feito durante o governo Collor, e apesar do governo Collor, ia agradar as pessoas. Tanto que fiz questão de assinar *"um filme brasileiro de"*, em contraposição à moda na época. Para minha surpresa o clima foi ao contrário. No olhar de todos havia um certo ódio: *"Por que você fez um filme justamente agora, quando estamos todos tentando provar que não existe mais cinema no Brasil?"* Realmente foi um clima péssimo para o *Perfume de Gardênia* em Gramado.

Naquele ano o Festival de Gramado tinha virado internacional, por conta dessa história de que não havia mais filmes brasileiros para competir. *Perfume de Gardênia* era um dos únicos filmes brasileiros na competição. O outro era um documentário sobre a construção de Brasília, *Conterrâneos Velhos de Guerra*, do Vladimir Carvalho.

Naquele ano ganhou *Técnicas de Duelo*, do colombiano Sérgio Cabrera, que nem sabia que seu filme estava concorrendo, por incrível que pareça. Ele tinha mandado o filme porque *Técnicas* tinha sido o último filme fotografado por José Medeiros. E havia uma homenagem ao Zé Medeiros em Gramado. Fui eu quem ligou para o Sérgio contando que *Técnicas* havia vencido o festival. Tínhamos ficado muito amigos quando eu tinha ganhado dele com *A Dama do Cine Shanghai* no Festival de Bogotá, onde recebi o prêmio de melhor filme com *A Dama* e ele o de melhor diretor com esse mesmo *Técnicas de Duelo*, quatro anos antes. Depois o filme ficou uns dois anos no limbo, sem encontrar distribuição.

O que me deu mais prazer no *Perfume de Gardênia* foi o elenco. Com o José Mayer eu já tinha trabalhado antes. Com a Christiane Torloni era a primeira vez e foi um prazer enorme trabalhar com ela. A maneira como a Christiane entrou no filme foi engraçada. Quem ia fazer o papel era a Vera Fischer. Mas a Vera começou com umas exigências, umas manias, e eu achei que tudo estava parecendo muito com a Sandra Bréa. Já tinha aquela experiência terrível, seria muito burro da minha parte se fizesse duas vezes a mesma besteira. A Vera estava num momento complicado da vida dela. Foi na época da briga com o Felipe Camargo. A Vera tinha exigido uma data para começar e terminar a filmar porque ela tinha um outro filme para fazer a seguir e estávamos já em produção. O José Mayer estava fazendo uma novela e havia me pedido uns 15 dias de folga para sair de um personagem e entrar no outro. A data exigida pela Vera era justamente na semana em que terminavam as gravações do Mayer. Tive que ligar para o Mayer e falar: *"Olha, a Vera quer começar dia tal a filmar, porque ela tem um outro filme para rodar depois"*. Muito a contragosto, o Mayer aceitou. O Mayer acabou de fato a última cena da novela numa boate aqui em São Paulo. Acabou a novela às 6 horas da manhã e começou a rodar comigo às 8 horas. Não só não teve os 15 dias, como não teve mais que duas horas para sair de um personagem e entrar em outro.

Duas semanas antes da data marcada pela Vera para começarem as filmagens, minha equipe em plena produção, no meio de uma conversa telefônica, como se não fosse nada, a Vera me diz: "*Bem, vou fazer uma pequena operação plástica e dentro de um mês estou pronta para as filmagens*". Eu disse: "*Dentro de um mês? Não, dentro de 15 dias*". A Vera me responde que não pode: "*Porque tenho de fazer uma operação no meu nariz*".

Liguei imediatamente para o agente, que de fato estava fazendo tudo para a Vera fazer o filme. Queria tirar a Vera do Rio de Janeiro por causa dos problemas que ela estava vivendo por lá. O agente me garantiu que a Vera viria filmar na data, mas então eu pedi a ele que falasse para a Vera me ligar e confirmar. Queria ouvir da voz dela a confirmação. Dois ou três dias passaram e ela não me ligou. A produção a todo vapor. Liguei de novo para o agente e disse: "*Se a Vera não me ligar até sexta-feira, no sábado começo a procurar uma substituta*". Ele disse: "*Não, ela está no sítio, mas vai te ligar*". No sábado de manhã, ainda insisti e liguei para o agente: "*A Vera não me ligou e vou começar a procurar outra. Como é fim de semana, acho difícil encontrar alguém, mas quero deixar claro que estou procurando outra atriz para o papel!"*. De fato a Vera acabou me ligando só no domingo à noite, mas já era tarde e eu tinha contratado a Christiane Torloni.

Eu conhecia pouco a Christiane. Tínhamos nos cruzado num festival de cinema em Sorrento, na Itália. Depois que voltei, um dia o telefone toca e era a Christiane: *"Aqui é Christiane Torloni. Assisti ao* A Dama do Cine Shanghai *e gostei muito. Se um dia você tiver algum papel para mim, gostaria que você me chamasse e queria te deixar o meu telefone"*. Eu anotei o telefone mas, sinceramente, a Christiane tinha fama de ser difícil de trabalhar e careira. Até hoje não sei por que ela tinha esta fama. Eu tinha ouvido falar. Depois da experiência com a Sandra Bréa, fiquei antenadíssimo nessas coisas. Sempre procuro me informar, não apenas sobre os atores, mas também a equipe técnica. Acho que o clima da filmagem sempre fica impregnado no resultado do filme.

Não é que eu ache que as filmagens tenham que ser sempre um mar de rosas. Às vezes um pouco de tensão ajuda muito a melhorar o resultado. Mas não suporto estrelismos babacas e explosões de ego que enchem de baixo astral e nada acrescentam ao resultado final do filme.

Christiane Torloni e José Mayer em Perfume...

Então anotei o número da Christiane na minha agenda, mas sem muita intenção de um dia usar.

Naquele sábado de manhã, peguei minha agenda e comecei a olhar nomes e telefones de pessoas. Liguei primeiro para a Maitê, mas ela estava fazendo O Sorriso do Lagarto, uma minissérie da Globo e não poderia na data que eu precisava. Encontrei o nome da Christiane e me deu vontade de ligar. O máximo que ela poderia dizer era não. Liguei para a Christiane e fui muito objetivo. Contei o problema da Vera Fischer e disse: *"Um dia você me ligou e disse que gostaria de fazer um filme comigo. Tenho um papel que acho que*

Raul Gazolla e Christiane Torloni em Perfume...

serve para você, mas tenho dois problemas: começo a filmar dentro de 10 dias impreterivelmente e tenho tanto de cachê (era uma quantia realmente muito pequena). Se você não topar isso, nem vou mandar o roteiro". A Christiane respondeu: *"Olha, eu estava indo terça-feira para a Europa. Já estou com as passagens compradas, mas vou cancelar tudo e fazer o seu filme. Nem li o roteiro mas vou fazer o seu filme, entendeu?"*

E trabalhar com a Christiane foi um paraíso total. Ela foi maravilhosa durante toda a filmagem, assim como o José Mayer, que também é um prazer de se trabalhar. Juntos com a Júlia Lemmertz, acho que foram os atores mais prazerosos com os quais já trabalhei. Embora sempre presentes no set de filmagem, são atores que não ocupam espaço e sabem que, na maior parte do tempo, um ator tem que saber esperar. A única pessoa que espera mais do que os atores é o diretor porque, além de esperar tudo, ainda espera também os atores. Adoro atores que sabem esperar e, embora sempre presentes, não ocupam mais do que o seu espaço no set de filmagem.

O Mayer, para se ter uma idéia, numa seqüência de *A Dama do Cine Shanghai*, ele já está morto. Não é assassinado em cena; o Fagundes chega e encontra o cadáver com a perna para cima, o braço esticado e a cara retorcida, numa posição desagradabilíssima. O cadáver aparece em 14 planos nessa posição, imóvel como qualquer cadáver. O Mayer chegou para filmar, o coloquei na posição e rodei os 14 planos sem ele sair da posição. Ficou naquela posição como se fosse um objeto de cena. Claro que filmei primeiro todos os 14 planos em que o cadáver aparecia e dispensei o Mayer e continuamos a rodar os outros planos da seqüência em que o cadáver não aparece.

Se fosse o Fagundes no lugar dele, teria levantado da posição entre todos os planos, então o continuísta teria de colocar ele de volta na posição, com todas as dúvidas, o braço estava mais para cá, ou a mão mais para lá, onde é que está a Polaroid?, etc. Não estou criticando o Fagundes, mas sei que qualquer outro ator que conheço teria se mexido entre os 14 planos, seja para ir fumar ou ir ao banheiro e teríamos que recolocá-lo exatamente no mesmo lugar por causa da continuidade. Com o Mayer, não tive que pedir nada, ele simplesmente nunca se levantou e eu achei a idéia ótima. Rodei os 14 planos de forma muito mais rápida e pude dispensar o Mayer mais cedo.

Dirigindo José Lewgoy em Perfume...

No *Perfume de Gardênia*, o Mayer faz um motorista de táxi. E era ele quem dirigia mesmo o táxi o tempo todo pelas ruas do centro de São Paulo. Dirigiu no duro, não havia aquelas traquitanas onde o ator só tem que fingir que dirige. Tinha uma motocicleta da polícia que ia na frente abrindo o trânsito, mas o Mayer é quem estava acelerando, muitas vezes sem saber o que vinha pela frente, porque sobre o capô da frente do fusca estava a equipe de câmera inteira com gerador, os refletores, a câmera, o Portioli, que era bem grandão e eu, todo mundo em cima do carro, e ele fazia tudo aquilo e ainda conversava com os outros atores, sem errar o texto. Eu tinha que prestar atenção porque, às vezes, no meio do diálogo, o Mayer caía para sua esquerda, para tentar enxergar o que estava na frente do carro. Só foi possível fazer com o Mayer. Nenhum outro ator seria capaz de fazer. Mas queria aproveitar para lembrar o José Lewgoy também. Ele está no *A Dama do Cine Shanghai*, no *Perfume de Gardênia*, no *A Hora Mágica* e no curta-metragem *Glaura*.

Conheci o Lewgoy no set de filmagem de *A Dama do Cine Shanghai*. Já tinha conversado por telefone sobre o personagem, mas nunca pessoalmente. Conheci na locação, já vestido com o terno do personagem. Quando convidei para o papel, todo mundo me falou, você está louco, o Lewgoy é um chato, insuportável. É o ator mais chato do Brasil. Você vai brigar. Não vai dar certo. E eu tinha aquele trauma de Sandra Bréa. Mas falei: *"Olha, não tem nenhum outro ator no país para substituir o Lewgoy neste personagem. Não vou dizer que escrevi pensando nele, mas o personagem é o Lewgoy. Prometo que agüento dois dias de chatice sem reclamar"*.

Neste caso todos estavam errados. Era uma festa de casamento e havia muitos figurantes. Comecei a filmar e percebi que, no primeiro dia, só iria rodar planos com o Lewgoy de costas. Antes que o Lewgoy começasse a ficar chato, resolvi chegar para ele e explicar: *"Estamos filmando você só de costas para me livrar da figuração e, amanhã, com tranqüilidade, filmaremos os seus closes de frente"*. O Lewgoy me respondeu: *"É claro, eu percebi. É melhor até para mim filmar os closes amanhã"*.

Com José Lewgoy e Betty Faria

Portanto o Lewgoy entendia de linguagem cinematográfica e por isso eu sentia muito prazer em filmar com ele. O Lewgoy só ficava irritado quando trabalhava com diretores que não falavam cinemês.

O Lewgoy um dia disse numa entrevista, quando perguntado sobre sua fama de mal-

Com José Mayer e Christiane Torloni

humorado: "*Veja bem, eu estou lá no set de filmagem, olho para o diretor, percebo que ele já percebeu que eu já percebi que ele ainda não percebeu que não sabe o que está fazendo; isso cria uma situação desagradável*".

E, no fundo, era isso. O Lewgoy ficava irritado quando percebia que alguma coisa não estava sendo bem feita. Agora, quando achava que tudo estava sob controle, o Lewgoy era muito fácil de trabalhar.

Nessa época o meu pai morreu e herdei uma fazenda em Andradina, em sociedade com minha irmã. Percebi que cinema nunca tinha sido realmente a minha profissão, mas que é minha filosofia de vida. De fato nunca consegui sobreviver realmente do cinema, mas a partir desta independência econômica percebi que não tinha mais a desculpa de fazer publicidade ou documentários para ganhar dinheiro e decidi que iria fazer apenas os filmes que realmente me interessassem fazer.

Capítulo XI

A Felicidade que Não Foi

Qualquer cineasta sabe que é cada vez mais difícil fazer experimentações em longa-metragem. O alto orçamento e as obrigações com o mercado impedem que se consiga financiamento para um longa-metragem com características experimentais. Como gosto de experimentar, tinha a idéia de fazer um curta experimental de 15 minutos contando 15 anos no relacionamento de um casal. Tudo misturando os tempos passado, presente e futuro; todos convivendo no mesmo espaço e na mesma imagem, na forma de *backs* e *front-projections*. Quando me convidaram para o que deveria ser o longa de episódios *Felicidade É...*, achei que estava na hora de botar na tela esta minha velha idéia.

Mas a idéia tinha ficado mesmo velha. Além disso, o casal com quem eu pretendia rodar o filme não estava disponível.

A segunda opção seria o casal Júlia Lemmertz/ Alexandre Borges. Eu precisava de um casal realmente casado, porque o filme era extremamente erótico, quase pornográfico, e isso só poderia ser bem realizado com um casal com total intimidade, para não ficar agressivo e realmente pornográfico. O tempo atual seria em parte uma relação sexual. Acontece que a Júlia e o Alexandre estavam fazendo no teatro a peça de Arnaldo Jabor *Eu Sei Que Vou Te Amar* e, depois de ver a peça, percebi que todos diriam que eu tinha feito o curta em cima da peça. Esta também sobre o relacionamento de um casal. Como se não bastasse isso, assisti ao filme de Oliver Stone *Natural Born Killers* e metade do que eu pretendia realizar em termos de *front* e *back-projection* já estavam no filme. Em outras palavras, teria um trabalhão para desenvolver no Brasil as técnicas necessárias para realizar as minhas idéias experimentais e todos diriam que eu tinha copiado tudo do Stone e do Jabor.

Estava eu nesta encruzilhada, quando me telefonou o José Lewgoy. Durante anos o Lewgoy me ligou quase todos os dias. Nossas conversas diárias duravam de 30 a 40 minutos; interurbano do Rio de Janeiro. Entre um papo e outro, me perguntou: "*E eu estou no filme?*" Eu respondi que não; que o filme era só sobre um casal de jovens. Ele insistiu em que eu criasse um papelzinho para ele no meio dos dois e demos algumas risadas.

Mais tarde, fui para a piscina nadar e fiquei pensando: e se eu esquecesse a velha idéia e fizesse um filme com a Júlia, o Alexandre, o Lewgoy? Algo mais simples, cotidiano, no mesmo estilo dos outros episódios do *Felicidade É...*, do qual eu já tinha lido os roteiros e que em nada se pareciam com minha idéia experimental.

Assim a estória de *Glaura* saiu pronta em três mil metros de piscina: numa manhã ensolarada de domingo, uma infeliz e suburbana dona-de-casa de classe média baixa descobre o significado da felicidade. Afinal, "*a vida é uma cebola que se descasca chorando*". Acrescente-se a isso um antigo sonho meu de dirigir um musical.

Resolvi que *Glaura* seria um musical-sampler com dezenas de provérbios, citações, letras e músicas sobre a felicidade.

Dirigindo José Lewgoy em Glaura

Na elaboração dos personagens levei em conta uma promessa que tinha feito alguns anos antes ao Lewgoy: escrever um personagem para que ele pudesse mostrar todos seus dons de ator realista. O Lewgoy costumava fazer principalmente papéis de vilão ou de personagem exótico, misterioso e irreal. O Lewgoy sempre quis representar papéis de carne e osso, como o velho Orestes. A Júlia e o Alexandre vieram do outro projeto e só faltou acrescentar a Matilde Mastrangi, que trabalha em todos os meus filmes e para quem eu havia prometido o papel de italianona da Moóca que o cinema da Boca sempre lhe ficou devendo, por lhe dar apenas papéis de mulheres sofisticadas e ninfomaníacas. Nessa festa não poderia faltar o marido de Matilde, Oscar Magrini, e até os filhos de ambos os casais envolvidos acabaram aparecendo.

E fiquei martelando até às quatro da madrugada no computador, e o roteiro estava pronto, faltando apenas acrescentar alguns dos chavões, ditos pelo Orestes, que fui colecionando da memória e de um livro de "pensamentos".

Dizem que, enquanto num longa você pode ganhar o espectador por pontos, no curta você tem que ganhar por nocaute. Mas não me preocupei com isso. Fui fiel ao meu estilo habitual de contar a estória de maneira sutil, inserindo aos poucos o espectador no meu universo. Mas em *Glaura*, com apenas 15 minutos, tive que ser muito mais sucinto na sutileza. Tive que ir sutilmente direto ao assunto. Cada plano tinha que contar a sua estória completa e foi idealizado para exprimir o máximo de informações no menor tempo.

Matilde Mastrangi em Glaura

Os personagens tiveram que ser esboçados em traços leves, mas marcantes. Também tive que tirar dos planos todos os elementos que não contribuíssem para mais rapidamente dar o recado. Toda a construção do curta tinha um único objetivo: proporcionar dois ou três segundos de felicidade ao espectador no final do filme.

Escolhendo locações

José Lewgoy e Júlia Lemmertz em Glaura

Só faltava filmar o curta. Primeiro veio o capítulo da escadaria, o cenário principal. Rodei alguns municípios para escolher a necessária escadaria de igreja, que acabou sendo encontrada bem perto, no Cambuci. Uma opção que me parecia longe da ideal, mas que com a decupagem acabou saindo ainda melhor do que em minha imaginação. O interior foi filmado em outro local.

Roteiro, elenco e locações na mão, juntei uma equipe também de amigos, onde contei com a colaboração de alguém que, embora velho amigo, eu nem sabia quanto: Carlos Reichenbach, o Carlão, voltando excepcionalmente a fotografar. O filme ficou pronto e acabou fora do *Felicidade É...*: "*porque não estava pronto a tempo de ser exibido no Festival de Gramado*".

Na época fiquei muito puto porque, quando fui convidado para o projeto, me prometeram uma verba da TV Cultura, que não saiu, e acabei fazendo o filme com o meu próprio dinheiro. Então era um prejuízo econômico. Mas, quando o *Felicidade É...* foi lançado, não deu um tostão, e vi que não tinha perdido nada. O *Glaura* acabou tendo sua vida própria, passou em vários festivais e até ganhou um prêmio internacional de melhor curta em Fribourg, na Suíça. E ainda me livrei de ter o meu nome para sempre ligado aos outros componentes do grupo.

Nas filmagens de Glaura *com Carlos Reichenbach*

Capítulo XII

A Hora Mágica e a Questão da Narratividade (ou Entre a Realidade e a Ficção)

Na última seqüência do *A Dama do Cine Shanghai*, o personagem Lucas, interpretado por Antônio Fagundes, sai do cinema e vemos que o filme que está sendo anunciado "a seguir" chama-se: *A Hora Mágica*. Ou seja, *A Hora Mágica* é um projeto que sempre ficou me perseguindo e em 1995 cheguei à conclusão de que: *"Ou faço agora, ou rasgo todas as cópias do roteiro, deleto do computador, porque não agüento mais esse projeto"*. Acho que tinha mesmo que fazer, se não fizesse ia ficar ressentido de não ter feito o resto da vida. Era o momento da chamada "retomada" e senti uma necessidade de realmente retomar alguma coisa que tinha ficado para trás. A ligação entre *A Dama* e *A Hora* não é apenas uma brincadeira, mas ambos os filmes foram idealizados como uma dupla; uma espécie de "programa duplo" como os que existiam no passado.

A idéia era rediscutir o que foi discutido no outro, completando o raciocínio. Não se trata de uma continuação, pois a ordem em que eles podem ser assistidos não é necessariamente a mesma em que foram filmados. Assim como *A Dama* era "um filme B", *A Hora* é o "filme A".

Como a Assunção, por causa da situação constrangedora do cinema brasileiro naquele momento, tinha decidido parar de fazer cinema, fiz *A Hora Mágica* com a Sara Silveira, que tinha sido diretora de produção tanto de *Perfume de Gardênia*, como de *A Dama do Cine Shanghai*.

O Rádio sempre me encantou como uma espécie de arte desaparecida; a possibilidade de criar mundos e sensações com o uso apenas de sons. Tito Balcárcel, o "herói" de *A Hora Mágica*, é um personagem que acredita que pode mudar a realidade mudando a luz que incide sobre ela; numa metáfora da relatividade do real quando aplicado ao cinema. Foi essa relação entre o mundo real e o mundo criado em celulóide pelo cinema o que primeiro me interessou no conto de Cortázar e que me fez desenvolver as idéias que anteriormente apliquei em *A Dama do Cine Shanghai* e que, em *A Hora Mágica*, procurei dar forma final. A outra metáfora do filme é a repetição infinita do nosso cotidiano através dos tempos em busca da perfeição (no cinema representado pelos "clichês" cinematográficos) e essa idéia é introduzida pelo personagem Tito em sua fala inicial e representada pelos "anéis de dublagem" que Tito dubla para César Mássimo e que, na estrutura do filme, funcionam como passagens de tempo.

Quanto à ironia e o humor, acho isso fundamental em qualquer obra que se pretenda de arte. Como nos meus filmes anteriores, trabalhei na fronteira da comédia, sugerindo o cômico com extrema sutileza, sem buscar o riso fácil, mas o sorriso revelador. A estória vai sendo construída a partir de pequenas ações cotidianas que vão se somando e provocando uma estranheza e um suspense indefinível no espectador, com a idéia de chamá-lo a buscar suas próprias conclusões e lições.

A Hora Mágica fala sobre a manipulação entre seres humanos, um tema fundamental em toda a obra de Júlio Cortázar, mas também uma de minhas principais preocupações. O conto já fala da manipulação que um homem faz com uma mulher e vice-versa. No filme, estendi o tema para a manipulação que nos fazem os meios de comunicação: o rádio, a imprensa, a televisão, a propaganda e, evidentemente, a grande manipulação do cinema, que é o tema da maioria dos meus filmes. A estrutura propositadamente quebrada e desconstruída do filme visa justamente chamar a atenção para essa manipulação e expô-la com suas estruturas.

Nenhum país do mundo teve em sua formação tanta influência da televisão quanto o Brasil. Esse espaço que a televisão tem no imaginário brasileiro não foi totalmente analisado, mas sem dúvida essa influência não pode ser esquecida quando se pensa em desenvolver uma dramaturgia cinematográfica que represente e reflita o pensamento do povo brasileiro. Poucos sabem o que existe por trás do fato do Brasil ter alguns dos melhores canais de televisão do mundo. Num país dito "de terceiro mundo" como algo com tecnologia tão cara como a TV pode ser "de primeiro mundo"? Competência da Rede Globo? Sim, mas não apenas isso. Tudo começou nos anos 60 quando os militares que estavam no poder tiveram a idéia genial de que a estratégia mais barata para unir o continental Brasil "do Oiapoque ao Chuí" seria através das telecomunicações. E assim, fizeram investimentos estratégicos gigantescos (que muito contribuíram para nossa atual dívida externa) na compra de satélites e antenas de transmissão que possibilitaram a criação de uma rede nacional como a Globo. Um investimento deste porte ou da mesma importância relativa nunca foi feito na área do Cinema.

Os militares, preocupados com a concentração de elementos de esquerda no cinema, preferiram criar o gueto da Embrafilme e deixar o cinema à margem das comunicações no Brasil. Assim, até hoje, as relações entre o cinema brasileiro e a televisão são difíceis e complicadas.

Inclusive com as Televisões Estatais como TV Cultura e TVE. Não pretendo aqui criticar os gastos na TV Cultura e TVE, mas chamar a atenção para as enormes diferenças de investimentos que o Brasil faz em Cinema e Televisão, ao contrário do que é feito em países mais desenvolvidos, e que explicam com clareza o verdadeiro motivo para o cinema brasileiro não ter uma performance à altura da performance da televisão brasileira. É preciso que se faça justiça e se dê o verdadeiro valor ao quanto o cinema faz pelo Brasil, apesar dele ser um país que privilegia e concentra seus investimentos na área televisiva. Mas o cinema brasileiro vem dizendo isto ininterruptamente e parece que nunca chega a hora de mudar.

Ao escolher o momento histórico da própria fundação da Televisão no Brasil e através da relação romântico/realista dos dois personagens, procurei fazer com que o próprio espectador do filme decidisse o que ganhamos e o que perdemos com essa nova conquista; discutindo o próprio papel que tem a televisão no imaginário de nossas vidas brasileiras. Não se trata de condenar a televisão, mas de analisar, através da linguagem do Cinema, os valores de duas diferentes linguagens de comunicação de massas: o Rádio e a Televisão.

A Hora é um filme de época, mas eu não tinha nem interesse e nem dinheiro suficiente para reproduzir com fidelidade a realidade dos anos 50. Fiz uma grande pesquisa e percebi que a realidade daquele tempo é muito menos interessante do que eu queria que o meu filme fosse. A verdadeira inauguração da televisão no Brasil beira o ridículo e não tem nenhum conteúdo dramático ou cômico. Criei a minha própria visão desta inauguração mitológica. Acho que o cinema é um pouco o sonho inatingível do homem de construir uma máquina do tempo, mas a realidade é que, com o tempo, essa máquina está construindo um novo passado, uma espécie de segunda edição bastante revisada e ampliada. Daí eu optar por uma realidade de cinema, algo que o espectador já estivesse acostumado a reconhecer, mas ao mesmo tempo crítica e glamourizada, misturando um visual do tempo de cinema mudo com alguma coisa do modernismo futurista dos anos 50. Além dessas questões temáticas, *A Hora* procura desenvolver uma outra questão estética, que tem sido objeto de análise e pesquisa em todos meus outros filmes: o som.

Não resta dúvida que, do ponto de vista das imagens, o cinema tem conseguido conquistas fantásticas no mundo todo. No entanto, as possibilidades dramáticas e sugestivas do som têm sido menosprezadas pela grande maioria dos filmes. E não estou me referindo apenas ao cinema brasileiro com sua mitológica má qualidade sonora. No mundo todo o cinema não tem utilizado as potencialidades do som, que vinham sendo muito bem desenvolvidas nas Rádios, principalmente nas radionovelas (antes de serem substituídas pelas telenovelas), e o espectador ainda é tratado como se fosse surdo no sentido intelectual da palavra; não sendo capaz de compreender e decifrar mensagens sonoras, além do significado dos diálogos e do envolvimento musical. Enquanto em *A Dama do Cine Shanghai* trabalhei com a estética do cinema *noir* americano e francês, em *A Hora Mágica* trabalhei com a estética do cinema mudo, dos Irmãos Lumiére até o *Limite* de Mário Peixoto. Contrapondo os sons do rádio e as imagens do cinema mudo, busquei ressaltar as diferentes possibilidades, das imagens e dos sons, de catalisar a imaginação e propor idéias aos espectadores.

A idéia de trabalhar com a estética do cinema mudo nasce também de uma questão audiovisual crucial para o futuro do cinema. A overdose de imagens que invadiu nossos olhos nestes mais de cem anos de história do cinema e televisão nos tornou imunes à força persuasiva que as imagens podiam nos produzir. Cabe ao cineasta de olhos cansados o desafio de reencontrar a magia que assombra alguém que vê uma imagem em movimento pela primeira vez. Só essa magia será capaz de permitir outros cem anos para o cinema.

Dos filmes que fiz, *A Hora* é o que chegou mais próximo daquilo que estava na minha cabeça. Claro que muita coisa não saiu exatamente como queria, mas em *A Hora* houve uma porcentagem maior de acertos. O filme tem algumas coisas de que não gosto. Mas as minhas idéias estão lá. Acho que daqui a 50 anos *A Hora Mágica* talvez venha a ser o melhor dos meus filmes para assistir.

Dirigindo A Hora Mágica

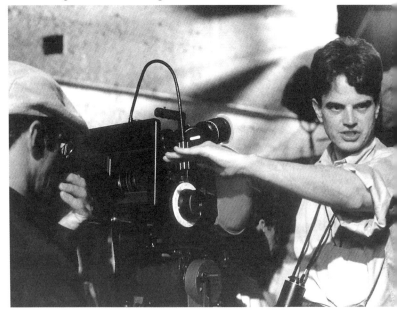

Talvez pelo fato de ter gostado da pintura antes do cinema, para mim o cinema é uma tela. Não uma historinha com começo, meio e fim, para todo mundo gostar, todo mundo entender, dar risada, se divertir e esquecer. Isso é o que menos importa para mim.

Vamos pegar o exemplo de *O Ano Passado em Marienbad*, do Alain Resnais. Não importa o que foi que realmente aconteceu ou não no ano passado em Marienbad. O que importa é o prazer audiovisual. Você está assistindo uma pintura sonora em movimento. O caso do Fellini é parecido. O Fellini é um mural. Altman é outro mural. Você assiste a um mural cinematográfico. No fundo, é uma pintura. Max Ophüls, também, é pintura frenética. David Lean, Bergman, Kubrick, Visconti, são todos pintores de cinema. Nos faroestes, não são os homens os mais importantes, mas as paisagens. Não se faz um bom faroeste sem paisagens. A tela do cinema é a mais sensacional tela do mundo.

Claro que o cinema narrativo tem seu espaço e vai continuar a ter. Isso não vai acabar. Ainda tem muita história para ser contada ou recontada. E o desejo da narratividade é humano. Por isso acredito que a humanidade nunca vai perder esse impulso, esse prazer de sentar em volta de uma fogueira e escutar uma boa estória. Mas acredito que o cinema é a fogueira, que ilustra com formas fantásticas a nossa imaginação.

Júlia Lemmertz em A Hora Mágica

Gosto de *A Hora Mágica* porque acho que é o filme meu que menos tem essa subserviência da narratividade. Tanto quanto aos bons filmes, eu invejo a liberdade de expressão que a literatura, a pintura e a música já alcançaram. Comparado a elas, o cinema parece estar apenas começando a aprender a ficar em pé; nem sequer começou a andar.

Raul Gazolla em A Hora Mágica

O cinema ainda é escravo da idéia de que deve primeiramente contar uma boa estória e não deixar que a "arte" atrapalhe. Quando teremos no cinema os equivalentes a um Ulysses, de James Joyce, do *Jogo de Amarelinha*, de Julio Cortázar, ou da *Água Viva* de Clarice Lispector? Quando um filme terá a capacidade de expressão e sugestão de uma *Guernica*, de Pablo Picasso, ou do *Abaporu*, de Tarsila do Amaral?

Outra coisa que percebi com o tempo foi que aquilo que parecia mais interessar aos espectadores dos meus filmes era o que, do ponto de vista acadêmico, eram os meus defeitos. Chamo de meus defeitos aquela maneira de contar uma história em que não resisto a usar um certo caminho, embora este não seja nem o mais lógico e nem o mais claro. Em *A Hora Mágica* resolvi, não digo levar às últimas conseqüências, sinto que ainda daria para ir muito além, mas avançar bem mais neste sentido dos que nos meus outros filmes. Quanto ao fato de ser um alvo fácil de críticas, acho que qualquer filme é. Eu seria capaz de destruir qualquer filme. Costumo citar o exemplo de um certo diretor estreante e pretensioso que teve o despeito de fazer um longa usando ele mesmo como ator principal (com a ajuda de diversas maquiagens), contando uma história confusa sobre um ridículo trenó perdido, que, para disfarçar a falta de conteúdo, contou tudo fora de ordem cronológica, mas com pretensões a fazer um painel de 80 anos da vida de um homem e ainda teve a audácia de fazer críticas irônicas a um importante e reconhecido jornalista chamado Randolph Hearst. Assistiu a este filme? Chama-se *Cidadão Kane*.

Não sei se cheguei a ficar decepcionado com a receptividade de *A Hora Mágica,* porque não sei se em algum momento cheguei realmente a acreditar que o filme ia ser bem recebido. O roteiro já não agradava a todos. Foi o filme que fiz porque quis, talvez o único que realmente insisti para fazer, remando contra todas as correntes. Mas talvez tenha sido uma questão de hora e vez. Acredito que *A Dama do Cine Shanghai* não teria feito o mesmo sucesso se fosse lançado um ano antes ou um ano depois. Um filme tem muito a ver com o momento em que é lançado. Talvez se *A Hora* tivesse sido lançado logo após *A Dama*, como era planejado, tivesse tido uma recepção diferente. Não é à toa que a Embrafilme não sabia o que iria fazer com *A Dama*. De repente todos pareciam interessados em filmes *noir* e filmes B. Foi a moda do ano. Em janeiro de 1999, quando *A Hora* foi lançado, todo o cinema estava preocupado em retomar o Cinema Novo. A palavra retomada já significa tomar de novo algo que já se tomou. O caminho parecia estar todo em filmes na linha do *Central do Brasil*. Meu filme vinha totalmente na contramão, era um filme anacrônico, completamente defasado. Toda a energia estava na recuperação da realidade brasileira. O próprio renascimento do documentário atenta para essa necessidade de realidade, que não é o que *A Hora* propõe. *A Hora* não podia ser rotulado em nenhuma das tendências do cinema brasileiro do momento. Existem filmes que não vemos a hora de ver, esperamos ansiosos para ver, queremos ver. Esses são em geral os filmes populares. Infelizmente não sei fazer esse tipo de filme. Meus filmes são do tipo que ninguém esperava ver ou, algumas vezes, nem queria ver. Eu percebi que toda vez que faço algo nos meus filmes seguindo alguma moda, ou tentando imitar algum cineasta ou porque alguém me disse para fazer daquela maneira, me arrependo depois. Procuro fazer meus filmes exatamente da maneira que acho e que minha intuição indica que devam ser feitos. Não vou fazer *tarantinices, iranices, winwendersices* ou *cinemanovices* só porque está na moda.

Faço longas-metragens de ficção. Por quê? Porque acredito que a ficção pode reproduzir com muito mais fidelidade a realidade do que o documentário. Se você olha a história, a grande maioria dos filmes que influenciaram e influenciam a humanidade são de ficção. São poucos os documentários e ainda podemos encontrar exemplos notórios de documentários fajutos como *O Triunfo da Vontade* da Leni Riefenstahl.

O cinema é sempre um ponto de vista do seu autor ou autores. Desconfio dos documentaristas que se dizem isentos e que procuram apenas reproduzir a realidade. São todos uns tapeadores de trouxas. Enquanto a ficção pode ser uma verdade embrulhada em mentira, um documentário pode ser, e muitas vezes é, uma mentira embrulhada de verdade.

Acho que o filme de ficção, muitas vezes, tem muito mais verdade humana do que um documentário. As crianças aprendem escutando contos da Carochinha. Contos da Carochinha não deixam de ser contos morais, mas no fundo dão muito mais embasamento para vida do adulto do que você contar a realidade, mostrar a realidade para a criança. Enfim, essa idéia de que o documentário retrata mais a realidade do que a ficção, acho uma balela. Os filmes em que exibem cenas documentais ao lado das reconstituições ficcionais acabam mostrando o quanto parece ficcional o documentário e as cenas ficcionais parecem ser muito mais verdadeiras.

Acho que existe um Brasil imaginário no inconsciente coletivo brasileiro (e do espectador cinematográfico brasileiro) que me parece muito mais interessante e revelador do que o real. Acho que só na imaginação humana a verdade encontra uma existência efetiva e inegável. A ficção pode refletir muito mais contundentemente a realidade que a própria realidade exposta nua. Por isso insisto na realidade ficcional e procuro ambientar meus filmes sempre num Brasil mental, uma espécie de universo paralelo.

É uma questão presente em todos os meus filmes, que me acompanha desde que comecei a fazer cinema. Todos os meus filmes, de alguma maneira, falam justamente sobre o difícil limite entre o que é a ficção e o que é a realidade. Até *As Taras de Todos Nós* trabalha entre o que é real e o que está na cabeça do personagem.

Assistir um dos meus filmes é como entrar num bosque desconhecido. Podemos encontrar estranhas árvores, estranhos animais, estranhos insetos, estranhas pessoas. Se prestarmos atenção talvez possamos até encontrar a nós mesmos entre essas estranhas pessoas, mas nunca encontramos o que buscávamos, esperávamos ou queríamos encontrar.

Quase ao mesmo tempo em que saiu a primeira cópia de *A Hora Mágica*, nascia a minha filha Gilda. Eu havia planejado não ter filhos. Achava que criar um filho era muita responsabilidade e não combinava com meu estilo de vida, mas comecei a perceber que filhos eram importantes para a Zuleika e que seria muito egoísmo da minha parte negar isso à minha mulher. Então combinamos que teríamos não apenas um, mas dois filhos, porque sempre tive um pouco de preconceito com filhos únicos. Depois percebi o quanto estava enganado sobre ter filhos e hoje meus filhos são infinitamente mais importantes que meus filmes e, de certa maneira, tiraram dos meus filmes uma carga muito grande de necessidade na minha vida, espero que os deixando um pouco mais leves de pretensões.

A filha Gilda

Capítulo XIII

A Noite que Não Chegou

Depois de *A Hora Mágica*, eu pretendia filmar a novela *Enquanto a Noite Não Chega* do Josué Guimarães. Tinha lido o livro anos antes e fiquei muito interessado quando a Carmem Silva, que tinha os direitos, me convidou para escrever o roteiro e dirigir. Era um filme muito simples, com apenas três atores e duas participações especiais, quase todo filmado numa casa. É do tipo *"fale de seu rincão e serás universal"* e eu queria muito fazer um filme diferente de tudo o que já tinha filmado, contando a história de apenas três dias na vida dos três personagens idosos, tudo num curto espaço de tempo parecido com os segundos entre a vida e a morte. Não era um filme sobre a morte, mas sobre a vida e, justamente ao contrapor a realidade palpável do cotidiano com o mundo irreal e encantadoramente fantasmagórico das memórias de 80 anos de história do Rio Grande do Sul, onde o filme ia ser filmado, é que tirava sua originalidade. Tecnicamente, o mundo concreto e real era invadido pelas sombras vivas do passado. Todos os flash-backs eram feitos apenas de sons realistas unidos a sombras nas paredes do casarão onde reside o casal de velhos.

Era para ser um projeto gaúcho. A Sara Silveira, gaúcha, ia produzir, a Carmem Silva, gaúcha, era a atriz principal, juntamente com o Paulo Autran e o Leonardo Villar. Até os dois coadjuvantes eram gaúchos: José Lewgoy e Júlia Lemmertz. Apenas o Paulo, o Leonardo e eu não éramos gaúchos, mas isso parece que inviabilizou o projeto e não conseguimos levantar o dinheiro para o filme. Além disso, estávamos à beira do novo milênio e parecia que ninguém estava interessado numa estória de três velhos de mais de 80 anos.

E o projeto tinha um conceito de valores que poderia fazer sucesso internacional. Era um filme totalmente regionalista, mas com uma história completamente universal. Eu queria fazer um filme gaúcho que pudesse ser visto por qualquer pessoa, de qualquer país do mundo.

Mas por enquanto não foi possível. Passaram-se três anos e ainda consegui mais um quarto ano para captar e não captava. Não vou dizer que não captei nada, mas captei uma quantia ínfima que não dava nem para começar. A Lei do Audiovisual, na prática, apenas democratizou um pouco o uso dos pistolões. Antes havia apenas a Embrafilme e agora existe a Petrobras, os Correios, os Bancos tais e tais, os concursos aqui e ali, mas a verdade é que, quem não tem um bom amigo lá dentro, ou um pistolão, não consegue captar nada. Além disso, apenas os filmes óbvios conseguem levantar financiamento. Os empresários brasileiros ainda não aprenderam que o lucro cresce na proporção dos riscos.

Junto com o fato de *A Hora Mágica* ter sido completamente ignorado tanto pelo público como pela crítica, o cancelamento do *Enquanto a Noite Não Chega* me deixou completamente deprimido a ponto de, nas vésperas do Natal de 1999, eu descobrir, quase por acaso, que estava com um tipo de leucemia chamado Linfoma Non-Hodkin.

Na mesma semana fiquei sabendo que a Zuleika estava grávida do Gilberto, que nasceu no meio do meu ano de quimioterapia. Passei o Ano Novo do milênio no hospital.

Com os filhos Gilda e Gilberto

Capítulo XIV

Pausa para Meditação

O ano de 2000 foi um ano difícil. Todo tomado pela quimioterapia e por um desejo enorme de me livrar do cinema. Eu acreditava, como ainda acredito, que a minha obsessão pelo cinema é que foi a causa da minha doença. Uma dose excessiva de frustração e ressentimento é capaz de provocar efeitos psicossomáticos no próprio corpo. Consegui me livrar de tudo que me ligava ao cinema e, no final do ano, acabada a quimioterapia, me mudei com toda família para minha fazenda em Andradina.

Duas coisas me ligavam à vida: minha filha Gilda, com menos de dois anos de idade, e meu filho Gilberto, que tinha acabado de nascer. A quimioterapia provoca um tipo de depressão química que nos faz pensar seriamente que é preferível morrer. Mas seria muito egoísmo da minha parte deixar meus dois filhos órfãos.

Como tive pai até quase os 40 anos, sei a importância e a segurança que a simples existência de um pai nos dá. Logo no dia em que descobri minha doença, tive que fazer um exame horrível de líquido da medula. A enfermeira que retirou o líquido me disse algo que passei a usar como meu mote para a cura. Ela disse: "*Se servir de consolação, muitas pessoas que passam pelo que você está passando, e sobrevivem, dizem que saíram da doença uma pessoa muito melhor do que entraram*". Nas minhas reflexões, procurei me autoconhecer e tentar desenvolver os meus pontos positivos.

Na fazenda, me dediquei à desintoxicação da quimioterapia através de longos passeios a pé, de que eu tanto gosto. Nesses passeios, voltei a imaginar filmes. Em *A Dama do Cine Shanghai*, o personagem Linus, interpretado pelo José Lewgoy, é um diretor de cinema aposentado que não quer mais fazer filmes. "*Prefiro imaginá-los!*", diz Linus e eu me sentia um pouco como um diretor aposentado imaginando filmes.

Como tinha muito tempo livre, passei a escrever os filmes que imaginava. Para que não houvesse nesses roteiros qualquer sinal de que eu queria um dia vir a fazer os filmes, passei a escrever apenas em inglês, o que me distanciava de um cinema real. Eram quase que exercícios de inglês. Escrevi um roteiro baseado num conto do Joseph Conrad. Tenho verdadeira paixão por estórias do mar. Consegui chegar na metade de um roteiro que venho desenvolvendo há anos e cuja ação se passa todinha dentro de um elevador. Desenvolvi outro sobre contos sul-americanos do escritor norte-americano O. Henry e um, especialmente para o Lewgoy, baseado nas obras de Kafka. Passávamos horas no telefone discutindo o roteiro.

Mas, além da tradução para o inglês do *Onde Andará Dulce Veiga?*, o principal roteiro que escrevi na fazenda foi uma adaptação de uma das novelas de *Os Velhos Marinheiros*, do Jorge Amado, *O Capitão de Longo Curso*.

Eu havia adorado o livro quando li numa cópia emprestada por minha amiga Walderez Cardoso Gomes em 1978. Parecia que o Jorge Amado tinha escrito o livro especialmente para mim. O tema é a relação entre o real e a realidade contada, narrada, imaginada, recriada. O tema básico de todos os meus filmes. Em 1989, logo após o sucesso de *A Dama*, procurei o Jorge Amado, que me disse: *"Vendi os direitos nos anos 60 por uma ninharia para a Warner Brothers e a própria Rede Globo tentou liberar para fazer uma minissérie e não conseguiu. O que você pode fazer é falar com Anthony Quinn, que nunca deixou de dizer que ia fazer o filme"*.

Consegui falar com o Anthony Quinn no telefone. Ele não foi mal-educado, mas foi muito seco: *"Já tenho o roteiro e sou eu mesmo quem vai dirigir o filme"*. Com toda sinceridade, só me restava esperar o Anthony Quinn morrer. Anos depois consegui ler uma cópia do roteiro do Quinn. Foi escrito por um ganhador do Oscar, o Frank Pierson, um americano que confunde o Brasil com o México. O filme nunca foi feito porque o roteiro era muito ruim, beirando o ridículo.

Quando o Quinn morreu, em 2001, resolvi ler o livro de novo e tornei a adorar. Senti que era o filme que eu gostaria de fazer. Resolvi, para ter certeza, escrever uma adaptação do livro e fiquei satisfeito com o resultado. A estória é muito boa, mas muito literária, difícil de adaptar e acho que consegui a chave para colocar toda a alma do livro num filme. Mas a situação dos direitos tinha se complicado com vários produtores querendo produzir o roteiro ridículo do Pierson. Sem cacife para negociar com a Warner Brothers, resolvi voltar a esperar. Ainda acho que só eu sou capaz de fazer esse filme direito. Os orixás da Bahia hão de me ajudar a filmar minha versão de *O Capitão de Longo Curso* um dia.

Capítulo XV

O Caso Dulce Veiga

Numa na quarta-feira, dia 28 de janeiro de 1987, quando estava filmando uma seqüência num hotel, em *A Dama do Cine Shanghai*, peguei um exemplar de *O Estado de S. Paulo* de alguém da equipe e comecei a ler o Caderno 2. Na coluna Antena havia uma crônica do Caio Fernando Abreu chamada *Onde Andará Lyris Castellani?*, sobre uma atriz que fez uns dois ou três filmes nos anos 60 e desapareceu de cena. Eu já conhecia o Caio Fernando Abreu socialmente, mas não era seu amigo. O Caio morava a dois quarteirões da minha casa e era amigo da Imara Reis. Li a crônica, achei interessante, recortei e guardei no bolso.

Quando terminaram as filmagens de *A Dama*, procurei o Caio e propus que ele escrevesse um roteiro com aquele tema. O Caio me falou de um romance que teria começado escrever, dois ou três anos antes, e que se chamava *Dulce Veiga*, e que tinha ficado inacabado. Nunca cheguei a ler nada do romance e desconfio que ele só existia na cabeça dele. Mas era verdade que o Caio tinha assinado um contrato com a Editora Brasiliense para escrever o *Dulce Veiga* e nunca tinha entregue.

Começamos a desenvolver o argumento a partir da própria experiência jornalística do Caio: um repórter que escreve uma crônica sobre Dulce Veiga e é obrigado a ir atrás dela. Minha proposta era fazer um filme totalmente contemporâneo sobre a nossa geração dos anos 80 e aquilo que estávamos vivendo naquele momento pós-AIDS. Como morávamos perto, a maioria da estória saiu em longas caminhadas noturnas pelo bairro trocando idéias. Era para o Caio escrever o roteiro, mas na prática o Caio não tinha tempo para nada e vivia com encomendas para jornais e revistas. Costurando para fora, como ele costumava dizer. Então comecei a anotar e acabei escrevendo tudo. Escrevia e deixava as páginas datilografadas na portaria do prédio do Caio, que lia, corrigia e acrescentava principalmente os diálogos. Nesses passeios fiquei sabendo tudo sobre Dulce Veiga. O personagem nasceu no filme *A Estrela Sobe*, do Bruno Barreto. Não sei se o personagem existe no livro em que se baseia o filme. Não sei nem se o Caio leu o livro. No filme, Dulce Veiga é interpretada por Odete Lara e era minha intenção usar a própria Odete para interpretar Dulce Veiga no meu filme, mas agora, quase vinte anos depois, fica um pouco estranho a Odete ter uma filha de vinte e poucos anos.

A primeira versão do roteiro ficou pronta e entramos num concurso de roteiros, mas o roteiro não foi selecionado. De fato, as poucas pessoas que leram o roteiro não ficaram nada entusiasmadas com a idéia. Quando eu estava saindo de viagem para passar três meses em Cuba, o Caio me propôs escrever o livro dizendo: *"Quem sabe ajuda a descolar o dinheiro para o filme?"* Como eu estava viajando, o livro foi escrito pelo Caio sozinho, sem nenhuma participação minha, numa versão em muitos sentidos bem diferente do roteiro, e ficou combinado que o livro seria dele e o roteiro meu.

O livro saiu e fez bastante sucesso, foi traduzindo em cinco países na Europa, mas havia surgido o Collor e o cinema brasileiro tinha acabado. A última vez que falei com o Caio, ao telefone, foi sobre o *Dulce Veiga*. Eu estava indo para a Alemanha, passar o *Perfume de Gardênia* e havia um produtor em Berlim que adorava o livro do Caio. Mas o produtor tinha apenas a possibilidade de descolar US$ 50 mil de um canal de televisão e, quando voltei de viagem, o Caio morreu.

Achei que todo o projeto estava datado. O que era para ser um filme contemporâneo sobre minha geração tinha ficado velho e ultrapassado. Guardei a única cópia datilografada do roteiro numa gaveta e esqueci. No início de 2001 saiu a edição norte-americana do livro e um produtor americano me mandou um e-mail dizendo que tinha lido o livro num avião e reparado que o livro era dedicado a mim e que tinha gostado muito da estória. O produtor, Jeff Sharp, produziu o filme *Meninos Não Choram* e é um desses produtores internacionais que ficam sempre te acenando com co-produções que nunca saem. Hoje resolvi não dar a menor importância para isso. Mas eu respondi a ele que o livro tinha sido antes um roteiro e ele me escreveu dizendo que tinha interesse em ler o roteiro. Com aquela típica disponibilidade que nós cineastas temos em atender a qualquer mínimo chamado de produtores, tratei de pegar o livro e providenciar uma tradução. Como estava morando na fazenda e sem muita coisa para fazer, resolvi traduzir eu mesmo o roteiro. Claro que, durante a tradução, fui modificando algumas coisas. Tratei também de ler o livro, pois a verdade é que nunca tinha lido o livro do Caio.

Na época eu disse ao Caio que preferia ler quando tivesse uma oportunidade real de fazer o filme, para sentir o livro mais presente, mas o fato é que a Zuleika havia lido o roteiro e o livro e não tinha gostado nada das mudanças que o Caio tinha feito no livro e eu tinha medo de não gostar do livro. Preferi não ler. Mas, quando li, gostei e passei a usar algumas das mudanças do livro na nova versão do roteiro. O engraçado é que os amigos que leram a nova versão do roteiro acham que é de uma fidelidade atroz com o livro. Não é de fato uma adaptação fiel do livro. Mas ainda assim, a essência do Caio está totalmente lá. Mudei o final da história porque tenho certeza que, se o Caio estivesse vivo, também mudaria. E o sentido continua o mesmo.

Pronta a nova versão do roteiro, é claro que o produtor foi totalmente evasivo sobre a possibilidade de produzir o filme, seja em inglês ou em português. Traduzi a nova versão do inglês para o português, mas como sempre não apareceu ninguém interessado no roteiro.

Em 2002, resolvi inscrever o meu roteiro de *O Capitão de Longo Curso* num concurso do Sundance Institute. Achei que um apoio do Sundance pudesse me ajudar a resolver o problema dos direitos autorais com a Warner Brothers. Na hora de inscrever, vi que podia inscrever até dois roteiros e resolvi inscrever também o *Onde Andará Dulce Veiga?* Mas não estava botando nenhuma fé no *Dulce Veiga*. Inscrevi os dois para fazer um certo volume. Mas, como já disse, nunca faço o filme que penso que vou fazer e é claro que o Sundance escolheu o *Dulce Veiga*.

A oficina de roteiros do Sundance foi fundamental para dar ao roteiro uma perspectiva histórica que o projeto original não tinha. Cheguei a pensar em atualizar o livro, mas isso destruiria totalmente a proposta do livro e o universo do Caio. O que era para ser um filme contemporâneo, virou um filme de época sobre os anos 80 com um ponto de vista de hoje. É um filme sobre os anos 80 e não mais dos anos 80. E assim, escrita a nova versão do roteiro, a maioria dos que leram gostaram e o filme tomou vida própria e espero que, em 2005, os que amam o cinema possam enfim saber que fim (ou que filme) levou Dulce Veiga. Às vésperas de completar 50 anos de vida, este depoimento serviu pelo menos para eu fazer um balancete da minha vida e um balancete só serve para definir o que se vai fazer a seguir. Por isso termino com um texto sobre o que penso que será o cinema neste século XXI.

Em Cannes

Cinema: Notas Pessoais para um Futuro

"A invenção do hoje é o único meio de instaurar o futuro."
     Clarice Lispector em Água Viva

O Ano Que Vem em Marienbad

Um cineasta (pelo menos um brasileiro) faz em média um filme a cada quatro ou cinco anos. O futuro é uma preocupação constante em sua vida. Afinal, como saber, ao dar início a um projeto (num mundo que se transforma todos os anos e em que a moda é tão passageira), para que tipo de público deverá endereçar o filme? A opção seria não pensar no assunto e acreditar na sorte, mas como resistir? Por menos interessado que um artista esteja em ter espectadores, a arte é sempre uma forma sublimada de dialogar com o próximo. O elevado custo de produção da arte cinematográfica aumenta o compromisso com esse imprevisível público do futuro.

Alphaville

A primeira idéia que me vem ao tentar prever o futuro é a de como alguém do passado imaginaria o nosso presente. Alguém que estivesse naquele dia 28 de dezembro de 1895 no Salão Indiano do Grand Café, no Boulevard de Capucines, em Paris no momento em que os Irmãos Lumiére projetaram alguns filmes muito curtos para uma platéia surpresa em ver operários saindo de uma fábrica serem substituídos numa tela branca por um trem chegando numa estação, e, após, por um jardineiro se molhando com a água de seu próprio esguicho.

Num certo sentido a idéia do cinema já vinha sendo sonhada desde que o homem primitivo desenhou bisões e caçadores no teto de sua caverna. As paredes das pirâmides já esboçavam tentativas de reproduzir os movimentos na pedra da eternidade e, na época moderna, os quadros representando os passos de Jesus Cristo na *Via Crucis*, se não são precursores do cinema, sem dúvida são as primeiras tentativas de uma fotonovela.

De todos os que estavam presentes naquela primeira sessão de cinema em Paris, um chama especial atenção por ser o primeiro que percebeu o potencial do cinema como arte e entretenimento: Georges Méliès. Mágico por profissão, Méliès percebeu no escuro daquela projeção de sombras o enorme potencial que a técnica cinematográfica teria para sua técnica ilusionista.

Hellzappopin

É importante notar que quando vemos um show de mágica não pensamos que o mágico faz milagres, mas truques ilusionistas, e o espetáculo é a perfeição com que ele consegue nos iludir. O mesmo acontece com o cinema. É a magia que não encontramos no cotidiano de nossas casas que vamos procurar na sala do cinema. Mesmo o realismo ou a representação fiel da realidade no cinema exige os mais difíceis truques.

Um exemplo sobre o realismo como técnica ilusionista é *Forrest Gump* de Robert Zemeckis. Ninguém vai ao cinema para acreditar que o personagem conviveu mesmo com Kennedy ou John Lennon. O grande espetáculo é a perfeição do truque. Para os cineastas acostumados com os efeitos do cinema, a seqüência mais impressionante do filme é sua abertura com a câmera seguindo uma pluma pelo ar. Para noventa por cento dos espectadores do filme, o diretor apenas filmou uma pluma verdadeira e pronto. No entanto ali está o efeito mais sofisticado e tecnicamente difícil do filme. Ninguém antes tinha conseguido filmar uma ação tão casual e espontânea tendo por trás toda a tecnologia das imagens digitais e computadorizadas. Zemeckis, que já havia provado que um homem podia contracenar com um coelho de desenho animado em *Uma Cilada para Roger Rabbit*, prova que a ilusão do cinema é capaz de filmar até o mais simples movimento naturalista.

O diretor brasileiro Mário Peixoto (do clássico e ousado filme experimental *Limite*), num roteiro que tentava filmar pouco antes de morrer, descreve um plano em que a câmera segue o vôo de uma borboleta. O roteiro era um primor de poesia, mas até os anos 80 qualquer técnico diria ser impossível seguir uma borboleta com a câmera. Não é mais.

Viagem Através do Impossível

Me pergunto como reagiria Méliès a uma projeção de um filme moderno. Suponhamos então que Georges Méliès faça uma viagem no tempo e venha encontrar um outro George, o Lucas, que mostraria a Méliès a projeção digital do segundo capítulo da saga de *Star Wars*. Sua *Ameaça Fantasma* foi o primeiro filme exibido numa tela de cinema diretamente do computador, sem a necessidade do pré-histórico rolo de filme e do barulhento projetor. Méliès certamente ficaria estupefato com o avanço dos efeitos visuais digitais em relação ao seu precário *Viagem à Lua* de 1902. Lucas explicaria que o desenvolvimento tecnológico do homem nos últimos 50 anos é maior do que em seis mil anos de civilização, e também contaria que a transformação do cinema para total digitalização das imagens está ocorrendo numa velocidade ainda maior.

Maravilhado com as cores do filme, Méliès falaria sobre seu processo de colorir o filme a mão, como num livrinho infantil de colorir, fotograma por fotograma; um desafio à paciência de suas dedicadas coloristas.

Lucas então contaria que agora os filmes em preto e branco de Méliès já podem ser colorizados por computador. Os cineastas até discutem a validade artística e ética desta possibilidade que permite não apenas modificar as cores dos filmes antigos, mas também a interferência direta nas histórias, nos atores, nos cenários. Ou seja, os filmes de Méliès já podem ser refeitos, atualizados e, conseqüentemente, deformados.

Agonia e Êxtase

Mas deixemos Lucas tentar explicar as vantagens do cinema digital para o assustado Méliès e vamos voltar 500 anos atrás e conhecer uma outra revolução que pode ser comparada com a que o cinema está vivendo no momento. Vamos visitar Michelangelo que está pintando a *Capela Sistina*. Esqueça o fato de que ele não se parece com Charlton Heston e se concentre em COMO ele está pintando as paredes. Aliás nem é ele que está pintando tudo. Michelangelo está trabalhando com uma equipe. Tudo tem que ser pintado muito rapidamente. Existem assistentes para cada uma das cores usadas e essas cores, no momento em que são usadas, não correspondem à cor real do objeto pintado. Michelangelo está pintando em afresco e, como o nome já sugere, tem que pintar usando pigmentos coloridos sobre uma base de argamassa fresca e úmida que, quando seca, além de mudar de cor, não pode ser corrigida ou modificada.

Foi assim que Michelangelo pintou a *Capela Sistina*. Era um trabalho gigantesco, que exigia muita preparação e uma equipe grande onde o pintor era um pouco como o diretor de um filme hoje em dia.

Mas uma revolução estava se aproximando: a chegada da pintura a óleo. Com a pintura a óleo, as relações de cores permanecem as mesmas depois de secas; a pintura pode ser retocada até o limite de se reaproveitar toda uma tela. O pintor pode levar anos retocando sua tela.

Assim como a passagem do afresco para o óleo não foi da noite para o dia, também a revolução do cinema digital não será imediata, mas é possível prever que, como na pintura a óleo que permite um único artista ser autor completo de uma tela, o cinema digital também permitirá o aparecimento de um Van Gogh do cinema, que, embora tenha vendido apenas uma tela em toda sua vida, deixou uma obra enorme e genial.

O Verão de 2042

No cinema virtual, um único artista poderá ser o autor de todos os elementos do filme, a ponto de poder trabalhar com atores virtuais totalmente criados em computador. Atores famosos do presente e do passado poderão licenciar os direitos de suas imagens mapeadas por computador.

Sean Connery poderá estrelar a megadigital continuação de *James Bond* sem ter que sair de sua ilha ou colocar sua peruca. Marlon Brando poderá contracenar com a Vera Fischer e... você também poderá contracenar com a Vera Fischer.

Pareço estar viajando muito longe? Pode-se ir mais longe ainda. Poderíamos conectar eletrodos em nossa cabeça e todos seriam capazes de transportar os pensamentos diretamente do cérebro para a tela do cinema, criando o que poderia ser chamado de "Cinema da Mente".

Mas isso é bom?! Que enxurrada de filmes "pessoais" insuportáveis isso pode trazer?!

Hitchcock já reclamava que não gostava de filmar. O filme já estava todo pronto em sua cabeça muito antes de começar a filmagem. Já pensou quantos filmes de Hitchcock morreram em sua cabeça?

Tudo digital?! Será que isso não vai tirar a alma dos filmes?
Ao contrário, poderia ser a própria expressão íntima da alma do autor do pensamento. Seria esse o fim de cineastas como Robert Altman, que está mais interessado no processo de colaboração e improvisação para compor sua visão pessoal?

Não acredito. Assim como existirá o cineasta da mente, também existirá espaço para os diretores que trabalham como maestros de orquestra ou domadores do circo. Este tipo de cinema (mais caro e artesanal) provavelmente será valorizado.

A Cor do Dinheiro

Isto nos leva a outra vantagem que não pode ser deixada de lado: a econômica. Todos sabemos que o computador ou programa que compramos hoje pode ser conseguido por um décimo do preço no ano que vem. O mesmo vai ocorrer com os programas de cinema virtual e, com orçamentos muito mais baixos, será possível filmar épicos de produção independente que na tela surgirão como superproduções. Um filme como *Lawrence da Arábia* poderá ser refilmado de forma ainda mais grandiosa sem que nenhum ator tenha que suar no calor do deserto do Saara. Tempo e espaço não serão mais limitações de orçamento.

Em nossa perspectiva de Terceiro Mundo, isso pode representar uma revolução de características muito democráticas. O diferencial não será mais o custo da produção, mas a criatividade. Já não será mais necessário que o Papa construa uma igreja ou o Rei um palácio para que o pintor tenha paredes para pintar. Um pequeno quarto com ar refrigerado será todo o estúdio necessário para se fazer um filme.

Cine Matrix

E, se olharmos com mais atenção naquele quarto que você está pensando que poderia ser transformado em estúdio, você verá o seu filho jogando um videogame. Será que esse joguinho inofensivo de matar monstros não pode ser a semente de uma revolução na forma de se encarar o cinema? Não estará ali a pista para um tipo de cinema interativo capaz de reagir a indicadores como o batimento cardíaco da platéia e o movimento do olhar dos espectadores? E como ficará a realidade? Deixará de existir? Passaremos a viver num mundo virtual?

De certa forma o mundo já é percebido de maneiras ligeiramente diferentes por cada ser humano. Desconfio dos diretores que garantem filmar apenas a realidade objetiva. No cinema tudo é manipulado e não existe nenhum filme que exprima a verdade absoluta. Já foram feitos até documentários louvando a integridade e força moral de Adolf Hitler e cinema é basicamente uma manipulação da realidade. O que vai surgir é uma nova concepção de cinema e, se comparamos o cinema de Lumiére com o cinema atual, não fica difícil imaginar que daqui a cem anos o cinema, tal como o conhecemos hoje, poderá ser representado pela exibição de uma nova cópia digital de *...E O Vento Levou* no Theatro Municipal, da mesma forma como hoje assistimos à enésima remontagem da ópera *Carmen* de Bizet.

Playtime

Isto não seria o fim do cinema? Todos nós teremos os nossos Home Theater e ninguém irá mais ao cinema?

Muito acharam que a televisão e depois o vídeo acabariam com o hábito de ir ao cinema, mas a verdade é que o hábito de sair de casa e se reunir para contar estórias remonta às fogueiras da idade da pedra e será sempre uma das necessidades básicas do ser humano. A semelhança com um templo e a presença de outros seres humanos na sala de cinema modifica a maneira de se relacionar com o filme. O estado de espírito do espectador é diferente quando está em sua casa ou numa sala de cinema.

É como assistir um jogo de futebol pela televisão ou no campo. Na televisão temos inúmeros pontos de vista, comentários, tira-teimas, closes dos jogadores, dos técnicos, até alguns diálogos são captados pelos microfones espertos das emissoras, de forma muito mais completa, mas nada se compara com a emoção de assistir até a mais insignificante pelada num campo lotado de torcedores.

Os DVDs hoje funcionam como as bibliotecas funcionam para os livros. Assim como as bibliotecas não fecham livrarias, mas criam novos leitores e consumidores de livros, as videolocadoras, como grandes videotecas, são hoje formadoras de público para as salas de cinema.

Ars Gratia Artis versus That's Entertainment!

Cinema é arte ou entretenimento? Comunicação ou expressão?

Embora exista uma parcela dos cinemas dedicados ao chamado "cinema de arte", 99% dos filmes produzidos têm o entretenimento como seu objetivo principal.

Não que ler um bom livro, escutar uma sinfônica ou visitar um museu ou exposição de arte não seja entretenimento, mas estas são manifestações culturais que já conquistaram a capacidade de serem usufruídas quotidianamente como arte, enquanto o cinema ainda é predominantemente visto como *show business* e o cinema de arte como uma vertente secundária de pouco acesso ao grande público. O cinema ainda é assombrado pelo fantasma da comunicação. A manifestação artística no cinema é relegada ao segundo plano.

O cinema realmente já foi o grande veículo de comunicação do mundo, mas apenas até o aparecimento da televisão. Hoje, com o aparecimento da Internet, a televisão está perdendo seu status de principal meio de comunicação e não é preciso nenhuma bola de cristal para prever que no futuro poderá ser encarada também como uma arte.

O Conformista

É um clichê de discussões de cinema a afirmação de que o cinema atual vive uma tremenda falta de bons roteiros e roteiristas. Que me perdoem meus colegas e espero que a carapuça não sirva pelo menos nos amigos, mas acredito que o que está realmente faltando no cinema atual são bons diretores. Todos os grandes momentos da história do cinema foram aqueles que tiveram a presença de grandes diretores, estivessem ou não apoiados por bons roteiristas, atores, produtores e técnicos em geral.

Tenho assistido a muitos filmes cujo roteiro é muito bom, mas cuja direção parece ter a apatia burocrática de um técnico em computação. É a personalidade e o ponto de vista pessoal do diretor que imprimem força nas idéias de qualquer roteiro e separam a arte do artesanato. O melhor roteiro, nas mãos de um diretor medíocre, nunca passará de uma ilustração banal e inexpressiva das boas idéias do roteiro. Um roteiro medíocre pode brilhar nas mãos de um diretor inspirado.

O aparecimento justamente da tecnologia de ponta no cinema trouxe também um aumento dos custos de produção dos filmes. Um filme hoje em dia tem muito mais recursos técnicos, mas custa muito mais caro que no passado e isto, por sua vez, coloca um enorme peso de responsabilidade nas costas do diretor. Mas acredito que isso seja passageiro e os custos de produção tendem a cair.

Cresci numa geração que acreditava poder mudar o mundo e arriscava sua felicidade por ideais ainda mais virtuais que o cinema do futuro. Descobrir uma maneira de equilibrar a respon-

sabilidade com a ousadia é o grande desafio para um cineasta nos dias de hoje.

Precisamos ser talvez um pouco menos felizes com a tecnologia e um pouco mais irresponsáveis com sistema de produção para mantermos aceso o fogo da inquietude. Vamos conseguir?

Só me resta propor um encontro para 2054, no meu centésimo aniversário, quando poderemos ler este artigo e dar muitas risadas. O Sr. Futuro é um gozador e costuma frustrar as expectativas do Sr. Presente.

Cronologia

1981

As Taras de Todos Nós
Direção, roteiro e argumento de Guilherme de Almeida Prado
Elenco: Roberto Miranda e Neide Ribeiro - Produção: Guilherme de Almeida Prado, Odon Cardoso e Sérgio Tufik - Direção de fotografia de câmera: Odon Cardoso - Montagem: João Alencar e Roberto Leme - Cor, 35 mm, 95 min
Drama erótico em três episódios: 1) *O Uso Prático dos Pés*: vendedor de loja de sapatos se apaixona pelos pés de uma cliente. Elenco: Amilton Monteiro e Matilde Mastrangi; 2) *A Tesourinha*: sobrinha vem morar com tio viúvo e descobre que ele mantém um estranho hábito: após fazer sexo com prostitutas, corta os pêlos pubianos das parceiras e guarda como recordação. Elenco: Flávio Portho, Joycelaine, Leda Amaral e Lola Brah; 3) *Programa Duplo*: funcionário público tem vida sexual insatisfatória com a esposa e passa a freqüentar cinemas onde se exibem filmes pornográficos.

1984

Flor do Desejo

Escrito, produzido e dirigido por Guilherme de Almeida Prado. Inspirado no conto *Sabrina de Trotar e Tacape*, de Roberto Gomes

Elenco: Imara Reis (Sabrina), Caíque Ferreira (Gato), Tamara Taxman (Lady), Raymundo de Souza (Tigre), Matilde Mastrangi (Odete), Mário Benvenuti (Fulam), Cida Moreyra (Teresa), Luiz Carlos Arutin (Manoel), Maristela Moreno (Marina), Walter Breda (Leão), Leda Amaral (Cleonice), Roberto Mirando (Policial), Alvamar Taddei (Lígia), Sérgio Hingst (Fritz), Letícia Imbassahy (Entrevistadora), Adílson Barros (Poeta), Bambini Neto (Martim), Nancy Galvão (Carla), Dino Arino (Chofer), Renée Casemart (Samantha), Raimundo Matos (Advogado), Salete Fracarolli (Karina), Guilherme Abrahão (Bagrinho), Delta Araújo (Silvia), Armando Tirabosqui (Operário) e o grupo Premeditando o Breque - Fotografia: Antônio Meliande - Montagem: Jair Garcia Duarte - Assistente de Direção: Ricardo Pinto e Silva - Continuidade: Regina Rheda - Fotografia Adicional: Cláudio Portioli, Odon Cardoso, Ronaldo Bento Quagglio - Cenografia: Luis Rossi - Figurinos: Leni Caetano - Equipe de

Produção: Célia Carbone, Arão Feldgos e Carlos Eduardo Valente - Assistente de Câmera: Odair Guarany - Som Guia: Paulo Roberto Rigoli - Fotografia de Cena: José do Amaral - Assistente de Montagem: Danilo Tadeu - Chefe Eletricista: Miro Reis - Chefe Maquinista: José Marques Sarmento, Jailton Pereira - Maquinista: Weber Gomes Rossi - Maquiagem: Vavá Torres - Contabilidade: Antônio Carlos Ribeiro - Produção de Figurinos: Silvana Rosso - Assistente de Cenografia: Valtinho Pereira - 2º Assistente de Câmera: José Mário C. de Castro - Cor, 35 mm, 105 min

Uma crônica irreverente e bem-humorada, contando as aventuras de uma prostituta do cais do porto que se une a um estivador para melhor explorar as engrenagens do poder. O clima romântico e boêmio do porto, zona de marujos, estivadores, prostitutas, gigolôs, velhos e pitorescos bordéis, serve de cenário para esta viagem, que recria, numa narrativa mágica e alegórica, a atmosfera de amoralidade e corrupção do submundo brasileiro.

1987

A Dama do Cine Shanghai

Escrito e dirigido por Guilherme de Almeida Prado. Elenco: Maitê Proença (Suzana/Lyla Van), Antônio Fagundes (Lucas), José Lewgoy (Linus), Jorge Dória (Velho), José Mayer (Bolívar), Miguel Falabella (Lana), Paulo Villaça (Desdino), Sérgio Mamberti (Stan), Matilde Mastrangi (Secretária), Imara Reis (Lanterninha/Carmen/Sabrina/Inês Helena), John Dôo (Chuang), Júlio Levy (Dum-Dum), Júlio Calasso Jr. (Bira), Regina Rhedá (Freirinha), João Bourbonnais (Repórter), Carlos Takeshi (Japonês), Sérgio de Oliveira (Brigão), Macalé dos Santos (Entregador), Tião Hoover (Marinheiro), Mauro Porrino (Felipe), Liana Duval (Senhora), Júlia Pascale (Flautista), Rodrigo Argolo (Homem da Torre) - Argumento/Roteiro/Direção: Guilherme de Almeida Prado - Fotografia e Câmera: Cláudio Portioli e José Roberto Eliezer - Produção Executiva: Assunção Hernandes - Direção de Produção: Sara Silveira - Cenografia: Chico Andrade - Figurinos: Luiz Fernando Pereira - Montagem: Jair Garcia Duarte - Trilha Sonora Original: Hermelino Neder - Produção: Star Filmes e Raiz Produções Cinematográficas - Cor, 35 mm, 115 min

Numa noite de chuva, Lucas (Antonio Fagundes), um corretor de imóveis, entra num velho cinema no centro de São Paulo para assistir a um filme policial. Na sala escura, conhece Suzana (Maitê Proença), muito parecida com a atriz do filme que estão assistindo.

A partir desse encontro aparentemente fortuito, o corretor passa a viver uma aventura de intrigas e suspense. Suzana é uma mulher sedutora e misteriosa e o corretor se apaixona por ela. Mas Desdino (Paulo Villaça), o marido de Suzana, é uma incógnita, a primeira de muitas que irão aparecer no caminho de Lucas, e que impossibilitarão um relacionamento satisfatório com Suzana. Lucas é acusado injustamente de um assassinato e procura o autor do crime para se livrar da acusação. Só que as pistas o levam a Suzana e Desdino. Tudo não passa de um jogo. Suzana é uma armadilha e sua beleza é uma isca para Lucas, que a cada desencontro entre os dois aumenta mais a vontade de descobrir quem ela é na verdade.

Lucas, agora "investigador", descobre que Suzana não tem ligação com o crime, só com o criminoso, e ela também acaba acreditando na inocência de Lucas, passando a ter um caso de amor em permanente perigo. Suzana ajuda Lucas a provar sua inocência. Tudo, entretanto, não é fácil, como acontece numa cena de cinema. A cada passo que dá, Lucas vai se afundando ainda mais na embrulhada em que entrou. Tudo e todos são falsos. Não pode acreditar em todas as pistas que tem, mas não há outra maneira de ter Suzana senão entrando no jogo de Desdino. Um labirinto que o levará para a morte, caso se perca no jogo que ele mesmo optou por entrar, mas que não previu suas regras.

1995
Perfume de Gardênia

Direção e Roteiro de Guilherme de Almeida Prado
Elenco: Christiane Torloni (Adalgisa), José Mayer (Daniel), Walter Quiroz (Quim), Cláudio Marzo (Delegado), Betty Faria (Odete Vargas), José Lewgoy (Ody Marques), Raul Gazolla (César Lamas) - Direção e Roteiro: Guilherme de Almeida Prado - Fotografia: Cláudio Portioli - Montagem: Danilo Tadeu - Direção de Arte e Figurino: Luís Fernando Pereira - Cenografia: Luís Rossi - Direção de Produção: Sara Silveira - Produção Executiva: Assunção Hernandes - Produção: Star Filmes / Raiz - Música: Hermelino Neder - Cor, 35 mm, 118 min

Daniel, um motorista de táxi que trabalha de madrugada para pagar as prestações do seu fusca, é casado com Adalgisa e tem um filho, Joaquim. Preparada para ser apenas uma dona-de-casa, Adalgisa, uma bela mulher, por acaso começa a fazer cinema. Ela abandona a família e é proibida por Daniel de ver Joaquim. Durante 11 anos, Daniel se martiriza e nutre um sentimento de vingança, que ganha força quando Joaquim, já adulto, reencontra a mãe, em plena decadência profissional. Daniel passa a se apresentar à polícia assumindo crimes que não cometeu, um plano bem arquitetado para que ele pudesse cometer um crime perfeito, matar sem ser considerado culpado. Mas, no final, aquele homem que parecia ter controle sobre a vida, as emoções e seus planos tem um revés: percebe que tudo escapou por entre seus dedos.

José Mayer e Walter Quiroz em Perfume de Gardênia

Glaura (Curta-Metragem)
Escrito, produzido e dirigido por Guilherme de Almeida Prado.
Elenco: José Lewgoy, Júlia Lemmertz, Alexandre Borges, Matilde Mastrangi, Oscar Magrini, Luíza Lemmertz - Fotografia: Carlos Reichenbach - Montagem: Cristina Amaral - Produtora Executiva: Sara Silveira - Direção de Produção: Paulo Paturalski - Direção de Arte: Andréa Veloso - Som Direto: Paulo Rigoli - Cor, 35mm, 15 min
Um musical sobre uma mulher que odeia música.

Com Júlia Lemmertz

Raul Gazolla, Linneu Dias, Lia de Aguiar, John Herbert e Imara Reis (acima) e Maitê Proença em A Hora Mágica

1998

A Hora Mágica

Direção de Guilherme de Almeida Prado. Inspirado no conto *Cambio de Luces*, de Julio Cortázar
Elenco: Júlia Lemmerz (Lúcia), Raul Gazolla (Tito), Maitê Proença (Susana/Lyla), José Lewgoy (Hilário, Max e Diretor), Paulo Souza (César Mássimo), John Herbert (Jorge), David Cardoso (Bandeira), Tânia Alves (Lília Cantarelli), Patrícia Travassos (Josefa), Imara Reis (Angelita Alves), Walter Breda (Marques) – Diretor/Roteirista: Guilherme de Almeida Prado - Produtora Executiva: Sara Silveira - Produtora de Elenco: Vivian Golombek - Fotografia: J.B. Crèpon - Música: Hermelino Neder - Som Direto: Lício Marcos e Oliveira - Diretor de Arte: Luís Rossi - Cenografia: Léo Soares - Figurinos: Andréa Velloso - Cor, 35 mm, 103 min

Tito é ator de radionovelas e faz invariavelmente papel de vilão por causa de sua voz grossa. Ele se apaixona por Lucia, mulher ambiciosa, indiretamente envolvida em um crime. Lucia acaba enredando Tito na trama criminosa.

Maitê Proença (acima) e José Lewgoy com Júlia Lemmertz (abaixo) em A Hora Mágica

Índice

Apresentação - Hubert Alquéres	05
Introdução - Luiz Zanin Oricchio	15
Ateu, religião: Cinema	
A Vida em Ribeirão Preto. Infância e Juventude	35
A Vinda para São Paulo	55
Entre a Escola de Engenharia e a do Super-8	65
Um Engenheiro Desempregado	81
As Bordadeiras de Ibitinga	85
Um Engenheiro na Boca do Lixo	91
Nasce um Diretor	109
A Flor do Meu Desejo	127
Em Busca de uma Dama	139
Da Casa de *Imagens* ao *Perfume de Gardênia*	177
A Felicidade que Não Foi	215
A Hora Mágica e a Questão da Narratividade (ou Entre a Realidade e a Ficção)	225
A Noite que Não Chegou	247
Pausa para Meditação	251
O Caso Dulce Veiga	257
Cinema: Notas Pessoais para um Futuro	265
Cronologia	285

Créditos das fotografias

Amaral 131, 132, 135
Nei Santi Jr. 151
Acervo Ricardo Pinto e Silva 161
Ione Guedes/Diário Popular 196
Paulo Jabur 211, 212, 293
Ciro Coelho 222
John Clifford 245
Paulo P. Barbosa 282

Capa: ilustração sobre fotos de Paulo P. Barbosa e Xico Santos

Demais fotografias: acervo pessoal de Guilherme de Almeida Prado

Coleção Aplauso

Perfil

Anselmo Duarte - O Homem da Palma de Ouro
Luiz Carlos Merten

Aracy Balabanian - Nunca Fui Anjo
Tania Carvalho

Bete Mendes - O Cão e a Rosa
Rogério Menezes

Carla Camurati - Luz Natural
Carlos Alberto Mattos

Carlos Coimbra - Um Homem Raro
Luiz Carlos Merten

Carlos Reichenbach -
O Cinema Como Razão de Viver
Marcelo Lyra

Cleyde Yaconis - Dama Discreta
Vilmar Ledesma

David Cardoso - Persistência e Paixão
Alfredo Sternheim

Djalma Limongi Batista - Livre Pensador
Marcel Nadale

Etty Fraser - Virada Pra Lua
Vilmar Ledesma

Gianfrancesco Guarnieri - Um Grito Solto no Ar
Sérgio Roveri

Helvécio Ratton - O Cinema Além das Montanhas
Pablo Villaça

Ilka Soares - A Bela da Tela
Wagner de Assis

Irene Ravache - Caçadora de Emoções
Tania Carvalho

João Batista de Andrade - Alguma Solidão e Muitas Histórias
Maria do Rosário Caetano

John Herbert - Um Gentleman no Palco e na Vida
Neusa Barbosa

José Dumont - Do Cordel às Telas
Klecius Henrique

Niza de Castro Tank - Niza Apesar das Outras
Sara Lopes

Paulo Betti - Na Carreira de um Sonhador
Teté Ribeiro

Paulo Goulart e Nicette Bruno - Tudo Em Família
Elaine Guerrini

Paulo José - Memórias Substantivas
Tania Carvalho

Reginaldo Faria - O Solo de Um Inquieto
Wagner de Assis

Renata Fronzi - Chorar de Rir
Wagner de Assis

Renato Consorte - Contestador por Índole
Eliana Pace

Rodolfo Nanni - Um Realizador Persistente
Neusa Barbosa

Rolando Boldrin - Palco Brasil
Ieda de Abreu

Rosamaria Murtinho - Simples Magia
Tania Carvalho

Rubens de Falco - Um Internacional Ator Brasileiro
Nydia Licia

Ruth de Souza - Estrela Negra
Maria Ângela de Jesus

Sérgio Hingst - Um Ator de Cinema
Maximo Barro

Sérgio Viotti - O Cavalheiro das Artes
Nilu Lebert

Sonia Oiticica - Uma Atriz Rodrigueana?
Maria Thereza Vargas

Ugo Giorgetti - O Sonho Intacto
Rosane Pavam

Walderez de Barros - Voz e Silêncios
Rogério Menezes

Especial

Dina Sfat - Retratos de uma Guerreira
Antonio Gilberto

Gloria in Excelsior - Ascensão, Apogeu e Queda do Maior Sucesso da Televisão Brasileira
Álvaro Moya

Maria Della Costa - Seu Teatro, Sua Vida
Warde Marx

Ney Latorraca - Uma Celebração
Tania Carvalho

Sérgio Cardoso - Imagens de Sua Arte
Nydia Licia

Cinema Brasil

Bens Confiscados
Roteiro comentado pelos seus autores
Carlos Reichenbach e Daniel Chaia

Cabra-Cega
Roteiro de DiMoretti, comentado por Toni Venturi
e Ricardo Kauffman

O Caçador de Diamantes
Vittorio Capellaro comentado por Maximo Barro

A Cartomante
Roteiro comentado por seu autor Wagner de Assis

Casa de Meninas
Inácio Araújo

O Caso dos Irmãos Naves
Luís Sérgio Person e Jean-Claude Bernardet
Como Fazer um Filme de Amor
José Roberto Torero
De Passagem
Roteiro de Cláudio Yosida e Direção de Ricardo Elias
Dois Córregos
Carlos Reichenbach
A Dona da História
Roteiro de João Falcão, João Emanuel Carneiro e Daniel Filho
O Homem que Virou Suco
Roteiro de João Batista de Andrade por Ariane Abdallah e Newton Cannito
Narradores de Javé
Eliane Caffé e Luís Alberto de Abreu

Teatro Brasil

Alcides Nogueira - Alma de Cetim
Tuna Dwek
Antenor Pimenta e o Circo Teatro
Danielle Pimenta
Luís Alberto de Abreu - Até a Última Sílaba
Adélia Nicolete
Trilogia Alcides Nogueira - ÓperaJoyce - Gertrude Stein, Alice Toklas & Pablo Picasso - Pólvora e Poesia
Alcides Nogueira

Ciência e Tecnologia

Cinema Digital
Luiz Gonzaga Assis de Luca

Os livros da coleção *Aplauso* podem
ser encontrados nas livrarias e no site
www.imprensaoficial.com.br/lojavirtual

ctp, impressão e acabamento

imprensaoficial

Rua da Mooca, 1921 São Paulo SP
Fones: 6099-9800 - 0800 123401
www.imprensaoficial.com.br